U0962064

共情式销售

Empathic Selling

突破销售的『瓶颈』

郭宽◎著

中国经济出版社
CHINA ECONOMIC PUBLISHING HOUSE
北京

图书在版编目（CIP）数据

共情式销售：突破销售的“瓶颈”/ 郭宽著. 北京：中国经济出版社，2024. 9. -- ISBN 978-7-5136-7896-4

Ⅰ. F713.3

中国国家版本馆 CIP 数据核字第 20246CT930 号

责任编辑　叶亲忠
责任印制　马小宾
封面设计　久品轩

出版发行　中国经济出版社
印 刷 者　北京鑫益晖印刷有限公司
经 销 者　各地新华书店
开　　本　710mm × 1000mm　1/16
印　　张　15.5
字　　数　190 千字
版　　次　2024 年 9 月第 1 版
印　　次　2024 年 9 月第 1 次
定　　价　68.00 元
广告经营许可证　京西工商广字第 8179 号

中国经济出版社　**网址** http://epc.sinopec.com/epc/　**杜址** 北京市东城区安定门外大街 58 号　**邮编** 100011
本版图书如存在印装质量问题，请与本社销售中心联系调换（联系电话：010-57512564）

版权所有　盗版必究（举报电话：010-57512600）
国家版权局反盗版举报中心（举报电话：12390）　服务热线：010-57512564

序　言

改革开放40多年来，我国已逐步建立社会主义市场经济体制，市场化程度越来越高，人民生活明显改善、经济活力不断增强。市场经济是一种以社会分工为基础、以交换为目的、以市场为导向的社会经济形态，销售工作就是市场经济的产物。

销售工作的目的是把适当的产品，以适当的价格，在适当的时间和地点，用适当的方式销售给尽可能多的客户。虽然销售工作很容易入门，但要成为优秀的销售员并不容易。销售工作的难度是人尽皆知的，需要销售员不断学习、努力和坚持，才能在激烈的市场竞争中取得成功。

从市场的角度来看，所有的工作都属于销售工作，工作岗位的区别无非是直接销售岗位或间接销售岗位。直接销售岗位就是人们常说的销售工作岗位，即做销售员。间接销售岗位是剩下的其他与销售相关的岗位，之所以说是间接销售岗位，是因为生产、研发、财务、售后等岗位存在的意义就是为达成销售以及与售后服务相互配合，这一切的根本原因来自一个事实，即企业是以营利为目的而存在的。

从企业的角度来看，销售人才是企业最渴求也是最难获取的。销售岗位的人才缺口总是特别大，优秀的销售人才也一直是稀缺性的人才。对于企业来说，一个销售新手成长为合格的销售员所花费的时间成本、经济成本以及试错成本都是极高的。所以，企业也越来越无法承担这些成本，谁不想雇用一个"来则能战"的成熟销售员呢？新手销售员很可能没有足够的耐心度过寂寞期，干了一段时间没有什么业绩，便开始怀疑行业、怀疑企业、怀疑产品，很容易出现消极心态。一旦泄了气，再加上业绩压力、生活压力，销售员的流失则是大概率事件，这也正是销售岗位流动性大的原因之一。市场竞争从来都是残酷的，销售员群体的专业化程度一直是在市场竞争的洗礼下有所提升和改善的，可以预见，未来的市场对销售员的要求一定会越来越高。

目前我国销售员的总数量在不断减少，原因就是企业都在提高效率，不会再花冤枉钱养着不合格的销售员了。

以银行业为例，随着我国金融改革的持续推进，我国金融领域的市场化水平也在不断提升。截至 2022 年末，工、农、中、建、交、邮六家国有大型银行网点的总数比 2021 年末减少 470 个，这也导致了部分银行对网点柜员岗位的需求逐步下降。目前，银行业从业者有 400 余万人，他们将被大量地推向市场并接受优胜劣汰。2023 年上半年，在招商银行的员工专业构成中，"零售金融员工"数量高达 50531 人，较 2022 年同期的 45153 人增加了 5378 人，成为该行在年内招聘数量最多的岗位。

以保险行业为例，截至 2022 年 6 月 30 日，全国保险公司在保险中介监管信息系统执业登记的销售员有 570.7 万人。对比以往的数据，保险销售从业人员数量明显收缩，相较 2019 年巅峰时期的 973 万人，已减少了 402.3 万人，其主要是因为无法达成业绩指标而流失的。对代理人队伍"清虚提质"也成为头部寿险公司的共识。"清虚提质"就是把销售技能差的销售员辞退，把能胜任的销售员的销售能力提高。

销售工作为什么这么难，销售工作的"瓶颈"到底在哪里？

销售工作始终是人际关系的工作，凡是不需要人际关系的销售行为都逐渐被售货机或电子商务等类似的形式取代了。一个优秀的销售员不可能是一个人际关系的失败者，他们往往左右逢源、人见人爱。而对于人际关系来说，“共情”是最直接、最基础的心理价值。

客户有自己的价值体系，客户的评价体系并不是完全科学的，更不是完全理性的。感性是人的本能，喜欢或不喜欢往往是生理反应，经常是下意识的存在。比如，在对客户进行的调研中发现，当问起如何评价某位销售员的时候，喜欢或讨厌，抑或是没感觉能够立刻从客户的脸上表现出来，然后客户才会以各种自己觉得合适的言语表达出来，这就是加工过的信息。仔细地问，客户就会边说边思考，比如喜欢是因为什么？不喜欢是因为什么？明明是先有结论，再去找原因。喜欢你有无穷的理由，讨厌你有无数的原因，这些都是之后找出来的。感觉是第一位的，不能“共情”就会不亲不近，感觉达不到，那还怎么做销售？

客户的想法肯定有理性的成分，但人首先是感性的。客户购买一件产品一定是因为他想要买这件产品，这不是废话吗？当然不是废话。继续往下分析，这位客户想要买这件产品，一定是因为觉得其对自己有价值。这个价值既可以是使用价值，也可以是附加价值。而“觉得有价值”就是消费冲动的基础，这是一种感觉。当客户觉得这个价值比付出要高很多时，消费就变得极其合理，这是消费冲动的外部条件，这依然是一种感觉。有价值又特别划算那就马上买！消费冲动不就来了吗？一个是消费冲动的基础——“觉得有价值”，另一个是消费冲动的外部条件——“觉得物超所值”，两个感性因素都是销售员可以影响的，所以，在消费过程中，客户的感性是可以被操控的，销售员就应该是这个过程的操控者，而操控的技法就是“共情”。

销售工作的“瓶颈”就在于销售员只是理性地向客户推荐产品，没有在客户的感性层面发挥任何作用，那么，销售工作的结果就只能听天由命了。共情式销售将完全改变销售工作的被动局面，帮助销售员以“共情”的技法深度介入客户的消费心理，干预客户消费决策的过程，从而让销售员突破销售工作的“瓶颈”，游刃有余地把控销售局面，让销售工作变得易如反掌。

相信广大的销售工作从业者读过本书后，能够从中领悟共情式销售的思想精髓，掌握共情式销售的方法和技巧，突破困扰销售工作的“瓶颈”，成为自信、自由的销售达人。

郭 宽

2024 年 6 月

目　录

第一章

共情，开启销售新境界

销售工作的本质是经营人际关系，因为买和卖都是由人来完成的。所谓事在人为，决定销售成果的从来都不只是产品，人，才是销售的最关键因素。与人打交道，决不能忽视情感，人是理性的，但人首先是感性的。所以，在销售工作中，把握客户的情感是销售员最重要的发力方向。而想要把握客户的情感，就必须学会共情。

第一节 要做销售高手，先做共情高手

说起销售工作，大家都知道销售员的收入是与工作业绩挂钩的，也就是说，销售的业绩越高，销售员的收入就越高。在我国直接和间接从事销售工作的人有 1 亿左右，其中优秀的销售员干得风生水起，不乏年收入以百万元、千万元为单位的人，如果算上头部的直播大咖，那年收入就是以亿元为单位了。然而大多数干得较差的销售员却业绩平平，有些人甚至连生活都难以维系。

一、世界有那么多人，为什么能做好销售的没多少人

销售工作不是新兴的行业，但为什么这么多年过去了，销售行业并没有像其他领域，比如制造业那样，变得越来越简捷、越来越好做呢？道理很简单，因为销售的事业就是人际关系的事业。销售的过程就是由陌生人变成熟人、由熟人变成客户的过程。人际关系的工作是没办法标准化的，所以销售不是一种技术，而是一门艺术。

美国销售界的传奇人物埃尔默·莱特曼是人寿保险业里神一般的存在。20 世纪 60 年代，美国的人寿保险公司里每年销售额达到 100 万美元的保险代理人凤毛麟角，但莱特曼却可以达到年销售额 2.5 亿美元。当人们问他有什么销售秘诀的时候，他却说："我根本没有在卖保险，我只是不停地在建立人际关系。"

莱特曼说："我最喜欢做两件事，一件事是每天在四季餐厅订一

张桌子，邀请 8 个人共进午餐。我从不向他们推销保险，他们来自各行各业，生意人、体育界人士、文艺界人士、政治家……我只是把他们聚集在一起。另一件事是不断地给朋友提供帮助，比如当我听说某人要去欧洲或者夏威夷时，我会提前打个电话，让当地的朋友在飞机场或码头迎接他，以确保他舒适地住进旅馆。”莱特曼再三地告诉大家，他只是把人们聚集在一起，只是建立关系，从不推销，却有很多人从他那里购买保险。

我相信莱特曼没有骗人，他的说法也很合乎逻辑。但是，仔细思考一下就会发现这个秘诀只是形式，没有涉及实质。最实质的问题就是：第一，怎么能做到经常组织聚会，人家为什么会来？拿什么吸引别人来参加？第二，朋友为什么愿意按照要求去帮助陌生人？怎么做到呢？那么，实质就指向了一个问题，大家都明白做销售要搞好人际关系，但是如何才能搞好人际关系呢？那就按照莱特曼的秘诀去做，可是怎么能做到呢？

当人们问起这个问题的时候，莱特曼会拿出一叠信件，这些都是客户寄来感谢莱特曼的信件。人们纷纷真诚地感谢他对自己生活或生意上给予的帮助，其中一封信是这样写的：“你已经为我们的家庭服务三代人了，你是那么的温暖和贴心，你早已被我们看作家庭成员，与我们同喜同悲，不离不弃。”莱特曼说：“买你东西的人，很大程度上是因为喜欢你、信任你、依赖你。我的成绩完全来自我对客户的用心，我是最懂他们的人。”

莱特曼的最后一句话“我是最懂他们的人”就是真正的秘诀，这就是共情。共情的定义就是“体验别人内心世界的能力”。心理学很高深，但就销售工作而言，只要有客户“心理”这个意识就很好了。因为一旦有了客户“心理”的意识，就有了以客户为中心的基础，这也是打造良好客户关系的基础。反之，如果做不到共情，在客户眼里的错误不仅仅是“你不懂我”这么简单，正所谓“酒逢知己千杯少，话不投机半句多”，于是人际关系也就此“凉凉”了（如图 1-1-1 所示）。

图 1-1-1　客户关系与共情程度成正比

二、共情能力自我提升三步走

一个好的销售员必定是掌控人际关系的高手，比如莱特曼。也正是因为共情能力强，莱特曼这样的人往往更能够博得客户的好感，从而“吃定”客户。所谓“吃定”客户，就是因为跟客户的关系比较紧密而让客户不仅是买，而且是长期买，甚至是转介绍别人来买。那么一个销售员如何提升自己的共情能力呢？可以从以下三个步骤着手（如图 1-1-2 所示）。

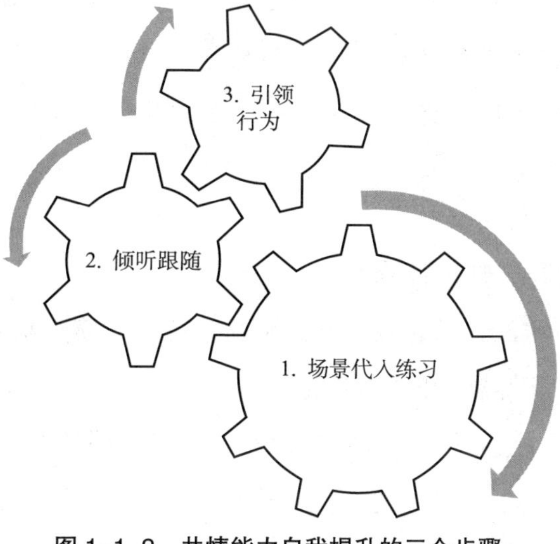

图 1-1-2　共情能力自我提升的三个步骤

1. 场景代入练习

第一步就是场景代入，要想做到共情就必须足够了解客户，无论是工作还是生活，最好的办法就是场景代入。场景代入练习就是分析客户的工作和生活场景，然后根据场景的实际情况代入客户的角色，体验客户的感受并记录下来。这样做的好处显而易见，就是能让销售员设身处地地理解客户的感受，以便建立跟客户产生共情的基础。要做到准确地体验，最好是几个伙伴一起讨论，甚至去采访不同类型的人群，这样可以丰富思考的角度，加强准确性，避免认知的偏差，从而加强场景代入练习的价值，争取在与客户交流时做到对客户的感受同频共情。

（1）明确客户的基本描述

案例

客户：王女士

基本情况：40岁，硕士学位，已婚，孩子小学在读，某知名企业的中层管理者。然后是设定场景，练习共情能力就是分析和体会客户在此场景下遇到不同情况时的心理感受。比如，与王女士初次见面交流，地点约在她家附近的咖啡厅，时间是周六下午两点。

（2）对目标客户进行分析

具体分析方法：从感受、原因和行为三个角度分析客户，令客户不愉快的情况和令客户愉快的情况。

首先来看让客户不愉快的案例，比如，销售员迟到，让客户等待。

这一定是客户不喜欢的事，那就分析研究一下此时客户的状态。面对销售员的迟到和自己的等待，王女士的感受是什么？按常理来讲，面对这种情况，任何人都是会有些不愉快的，背后的原因是什么？就是被怠慢、不够尊重，并且发现销售员做事不严谨、不靠谱。那么销售员迟到了，客户会有多大的不愉快呢？王女士不愉快的程度很可能会是特别不愉快，甚至会上升到愤怒。这跟王女士的身份有很大关系，她是企业的中层，是管理者，这样的人最在乎的就是做事严谨、守规矩。在平时的管理工作中，不能按时、按质、按量地完成任务就是最差的事情。所以，王女士对于迟到这件事是格外介意的。

那么，王女士接下来的行为会受到什么影响呢？一定是冷淡、不配合甚至挑剔。如果是王女士的下属迟到，她自然会批评或处罚；如果是她的上级，那么她会忍耐、接受。而此时王女士既不好公开批评也没有必要忍耐，那么只有用冷淡、不配合和挑剔等一系列行为来表达自己的不满了。至此，销售员从一开始就要承受额外的压力，扭转乾坤必然需要更高的能力。

其次来看让客户愉快的案例，比如，给客户的孩子带小礼物。

这时候，王女士的感受是什么？从基本逻辑上讲，收到礼物总会是愉快的。而且，哪个母亲不爱自己的孩子呢？关爱她的孩子就是对她最大的关爱，这就是共情。只不过前提是这个礼物必须是没有问题的，比如不能是有危险的，不能是不健康的，不能是低俗的，不能是质量差的，等等。在准备礼物时是很需要提前去体会客户感受的，可是有时都不知道客户的孩子是男孩还是女孩，该怎么办呢？笔者的经验是送正版精装的儿童百科全书，当王女士收到一套正版精装儿童百科全书时，必然是非常高兴的。

分析一下原因，王女士的高兴会比收到礼物的基本层面的高兴更多一点，是因为这个礼物比较合心意。这又跟王女士的背景有关系，硕士学位、企业管理层，其本身对科学知识相关的内容就有所青睐，对孩子的知识学习肯定更是关注有加。不仅如此，此举还让王女士下意识地感觉到销售员和她很同频，于是，再次共情成功。而王女士下面的行为一定是相对热情、主动的，甚至会本能地产生投桃报李的愿望。由此看来，所谓共情也不过是人之常情（见表 1-1-1）。

表 1-1-1 共情能力自我提升工具：场景代入练习

客户	简介				
王女士	40 岁，硕士学位，已婚，孩子小学在读，某知名企业的中层管理者				
场景	事件		客户感受	形成原因	客户行为
周六 14:00 王女士家附近咖啡厅初次约见	客户在此场景下不喜欢的事	迟到，让客户等待	不悦甚至愤怒	怠慢、不尊重，管理者的好恶，双方关系浅薄	冷淡、不配合、挑剔
	客户在此场景下喜欢的事	给客户的孩子送精装正版儿童百科全书	愉快、对心思、同频	收礼人之常情、背景、好恶	热情、主动、回报

2. 倾听跟随

销售员把第一步做到位，即在见客户之前做足了功课，见到客户时就会从容很多。在与客户的接触过程中如何做到共情呢？那就一定要学会倾听。倾听是一种态度，是重视客户的态度，一定要专注，绝不能出现走神或者不耐烦的表现。客户说的话也许很无聊，也许水平很低，但是作为一名销售员是不能嫌弃客户的。倾听客户的诉说是一种付出，客户是能感知到这种付出的，而所有付出的积累都将在未来得到回报。

卡耐基是美国著名的人际关系学大师、美国现代成人教育之父。他在《人性的弱点》一书中说，他与一位植物学家交谈，听对方谈大麻和马铃薯的种植，尽管全程都是对方在说，他只是专注地、充满兴致地倾听，却令对方感到愉悦，认为他是一个善于沟通的人。与卡耐基交谈过的人都盛赞他拥有强大的沟通能力。但实际上卡耐基并没有说多少话，他更多的是在倾听。人们在沟通中最大的弊病就是急于表达自己，其实，真正情商高的人并不是最会说话的人，而是最会听别人说话的人。

倾听不是一言不发，是要有反馈的，最基本的就是像卡耐基那样，要本能地点头，并且要看着对方，这样做的潜台词就是"我在很认真地听你讲话并且接受你的说法"。此时客户会本能地喜欢你，会跟你继续聊下去。更重要的是，要学会在与客户交谈的过程中跟随客户的情绪，就是在客户表达的过程中，销售员要跟随客户的情绪同步表达。当销售员能够跟着客户同喜同悲，找到那种同呼吸、共命运的感觉时，就跟客户达成了共情。

案例

客户：李先生

基本情况：45岁，广告公司老板，大专学历，有10年从军经历。销售员张先生与李先生是初次见面，交流的主题是管理工具。

现场的情况是这样的，开场没多久，李先生就本能地提起了从军的经历，大谈军事化管理。事实上，李先生的公司业态非常不适合借鉴军队的模式，这在之前的项目分析会上已经确定了。销售员张先生此时做了错误的行动，就是在李先生谈军事化管理还没有尽兴的时候打断了他，张先生指出广告公司的业态并不适合军事化管理，结果会谈很快就不欢而散了。

这是典型的不会倾听的案例，在复盘会上，大家重新梳理了张先生与李先生的交流过程。进入正题后，李先生说：“现在的员工太懒散，效率太低了。想当年我们在部队，那精神状态，绝对能打胜仗。现在的年轻人也太娇气，受不得一点委屈。所以，我最看好的还是军事化管理。当年在部队徒步行军 500 千米，收容队的汽车就在旁边，我硬是走下来了，当时我才 17 岁呀。”说到这儿，张先生认为李先生是一厢情愿，根本就是自嗨。于是他打断了李先生，说：“但是，您的公司是广告公司，是不适合军事化管理的。”李先生当场就冷了脸，应付几句就说还有别的事，然后就没有下文了。

张先生的错误在于不愿倾听，也不会共情。当李先生说“现在的员工太懒散，效率太低了”的时候，张先生应该点头表示理解。当李先生说“想当年我们在部队，那精神状态，绝对能打胜仗”时，张先生应该点头并加重语气予以肯定，比如“那肯定的”。因为部队是李先生的关注点，也是情绪爆发点。当李先生说“现在的年轻人也太娇气，受不得一点委屈”这样的事实时，张先生应该继续跟随情绪并点头赞同。

下面是最让张先生迷惑的问题，就是当李先生说“所以，我最看好的还是军事化管理”的时候，张先生该怎么办？还继续跟着赞同吗？明明是不对的，而且现在赞同了后面还怎么反对呢？其实这里张先生什么都不用做，既不赞同也不反对，认真地倾听就可以了。

李先生说“当年在部队徒步行军 500 千米，收容队的汽车就在旁边，我硬是走下来了，当时我才 17 岁呀”时，正是他的情绪爆发点，而且是一个强爆发点。张先生应该抓住这个点，表达跟李先生同样强烈的情绪，表现出惊讶、钦佩、感动。张先生应该说：“徒步 500 千米？太厉害了！这太不容易了！才 17 岁呀！”换位思考，此刻李先生的感觉必定是“你懂我”。客户接受了销售员才有生意可做，客户不接受，甚至讨厌销售员，那么一切都是枉然。做销售必须学会共情，共情必须学会倾听，倾听必须学会情绪跟随（见表 1–1–2）。

表 1–1–2 共情能力自我提升工具：倾听跟随

事件	过程复盘	情绪表现	情绪分析	情绪跟随
与广告公司李先生会谈	进入正题后，李先生说："现在的员工太懒散，效率太低了。"	不悦	对员工的低效和懒散非常不满	对于客观事实要点头肯定表示理解
	"想当年我们在部队，那精神状态，绝对能打胜仗。"	美好回忆夹杂对现实的不满	因现在团队工作效率问题而回想军旅生涯	情绪点，要点头并加重语气表示肯定，比如"那肯定的"
	"现在的年轻人也太娇气，受不得一点委屈。"	不悦	对员工的脆弱和无能不满	继续跟随情绪并点头赞同
	"所以，我最看好的还是军事化管理。"	燃起希望略显不安	希望回到部队的高效状态又担心不能实现，说只是"看好"而已	看着对方不置可否，不同意的观点不要认同，也不要急着反对
	"当年在部队徒步行军 500 千米，收容队的汽车就在旁边，我硬是走下来了，当时我才 17 岁呀。"	自豪、自嗨、逃避	希望年轻人能像自己当初一样，但年轻人不一定会买账	强情绪点，要表现出惊讶、钦佩、感动。应该说："徒步？500 千米？太厉害了！这太不容易了！才 17 岁呀！"

3. 引领行为

当销售员与客户完全能够共情的时候，就可以根据客户的需求顺理成章地提出以产品为载体的解决方案并促使客户买单。

要寻找客户亟须解决的严重问题。此时，对于销售员的共情能力是一个巨大的考验，做到这一点，必须是共情的高手。

提出解决方案：销售员卖给客户的是关于问题的解决方案，最后是把解决方案落实在产品上，产品是解决方案的载体。

促使客户买单：这一步很容易也很难，如果前面做对了，只要销售员的提议合乎逻辑，价格合理，这一步就很容易。而如果前面做得不到位，这一步就非常难，甚至因为火候没到而根本无法达成。

案例

客户：谢女士

基本情况：大学教师，43 岁，两个孩子，每月要还房贷 7000 元。

假设我们是保险公司的销售员，那么如何寻找谢女士的问题呢？首先要学会分类。谢女士的问题在哪些方面呢？无非是工作和生活，那么工作包含哪些方面？无非是教学、科研、晋升、收入、同事关系。而生活包含哪些方面？也就是孩子问题、成人问题、家庭问题。这里关于工作方向，与之相关的保险产品并不多，可以暂时搁置，除非销售员个人有资源和能力可以提供帮助以拉近与客户的关系。那么注意力就要集中在生活方向上，客户问题的挖掘就主要在孩子问题、成人问题和家庭问题三个方面。此时就需要销售员能够在共情能力的加持下引领客户走到预设的三个方面。按照之前的设计，此阶段销售员与客户已经达成比较亲近的人际关系，再谈到这些内容就是顺理成章的事了。

谢女士有两个孩子，关于孩子问题，客户有哪些可能出现问题的话题？安全、健康、学业、就业、婚恋，在与产品弱关联的内容比如就业和婚恋上，销售员可以与客户交流甚至提供帮助以拉近关系，但更重要的是要引导客户进入强关联的内容，即安全、健康和学业，一定要在这三个方面找到客户的问题。

这些问题很明显，是谁也无法逃脱的。就安全而言，没有谁不是被动的，比如出行安全，一旦出了事后果不堪设想。即便不出门，在家里也难免受一些伤，如割破手、摔坏腿、磕破头等。如果有对应的意外险，至少可以在经济上无后顾之忧吧。

再如健康，病来如山倒，治病是医生的事，可花钱是自己的事。得病需要花钱，得大病需要花大钱，这个道理谁都懂。那么，医疗险、重疾险、人寿险还不赶快顶上？

学业无疑是孩子未来的保障，所有的父母都在乎孩子的未来。上学是要花钱的，孩子学习不够好就要额外花很多学费，而学习好的孩子应该继续深造，更要继续花钱，那么教育金保险就可以解决这个问题。

再说谢女士家的成人，夫妻二人正值中年，关于成人问题，安全、健康自不必说，而且成人的健康和安全比孩子更重要，因为成人是家里的顶梁柱，往往成人的收入是家里主要的甚至唯一的经济来源。一旦失去收入，家庭几乎会瞬间崩塌，所以，夫妻二人的意外险、医疗险、重疾险、人寿险都是必备的。

关于谢女士的家庭问题，所谓家庭问题其实主要是经济问题，“贫贱夫妻百事哀”，如何理财？如何靠投资保持家庭的财富？炒股票，安全吗？买房子，如果降价了呢？存银行，利息越来越低！考虑一下年金吧，利息比银行高很多。

以上交流的内容都是销售员应该对谢女士做的引导，通过引导让谢女士产生消费行为。在引导的过程中，销售员要不断地跟谢女士共情，要设身处地地站在谢女士的立场进行思考和表达（见表 1-1-3）。

表 1-1-3 共情能力自我提升工具：引领行为

客户	客户痛点			解决方案	相关产品
谢女士	工作	—	—	—	—
	生活	孩子问题	安全、健康、学业	购买保险产品	意外险、重疾险、人寿险、教育基金等
		成人问题	安全、健康	购买保险产品	意外险、重疾险、人寿险
		家庭问题	财富保障	购买保险理财产品	年金等理财产品

每个销售员都知道心里要想着客户，但是如何才算想着客户？就是要挖空心思围绕着客户的利益和感受做文章，要把自己磨炼成共情高手。只有这样，销售员才能走进客户的内心世界，拉近与客户的关系，最终成为销售高手。

第二节　消费心理的需求层次剖析法：学会深度共情的原理

在销售领域，共情是比较通俗的说法，共情终究是属于心理学的范畴。与客户共情，首先要了解客户的消费心理。消费心理学是心理学的一个重要分支，它研究的是消费者在消费活动中的心理现象和行为规律。准确地把握消费者的心理活动，是准确理解消费行为的前提，消费心理的需求层次剖析法将为销售员理解深度共情的原理提供最有效的帮助。

一、用马斯洛需求层次理论剖析客户的消费心理

销售工作是以客户为中心的事业，研究客户的消费心理是销售工作的基本功。在这件事情上，马斯洛需求层次理论提供了非常实用、有效的分析工具。1943 年，美国心理学家亚伯拉罕·马斯洛从人类动机的角度提出了需求层次理论，该理论强调人的动机是由人的需求决定的。马斯洛需求层次理论包括人类需求的五级模型，通常被描绘成金字塔式的五个等级。从层次结构的底部向上，需求分别为生理的需求、安全的需求、爱与归属的需求、尊重的需求和自我实现的需求（如图 1-2-1 所示）。马斯洛指出：第一，人们因需求而产生行动。第二，人们会优先选择为自身所在层次的需求而行动。第三，人们的需求会随着被满足而升级。

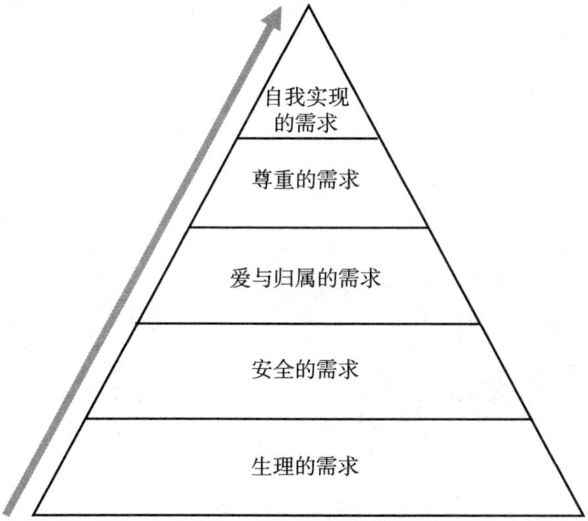

图 1-2-1 马斯洛需求层次

以达成与客户的共情为目的去研究客户的消费心理，需要销售员首先确定客户的需求层次。只有客观地剖析每个需求层次上客户的具

体情况，才能够达到与客户深度共情的目的。

二、生理需求层次客户的消费心理剖析

生理上的需求是人们最原始、最本能的需求，正所谓“食色性也”，食物、水、呼吸都是最强烈的、不可避免的最底层需求，也是推动人们行动的最强大动力，当一个人被生存、生理需求所控制时，其他一切需求都会变得无足轻重。

在我们的调研中，低收入群体普遍处于马斯洛需求层次的底层，即生理需求这一层。低收入群体从事的基本都是体力劳动，他们的工作付出并不少，无论是工作时长还是体力、精力的消耗都很大，但是他们的收入却很低。调研数据显示，关于需求层次，他们的需求主要集中在生理方面，为了活着而终日奔波是他们的生存现状，对于其他需求则完全顾不上，甚至关于安全的需求也经常会被放弃（如图1-2-2所示）。

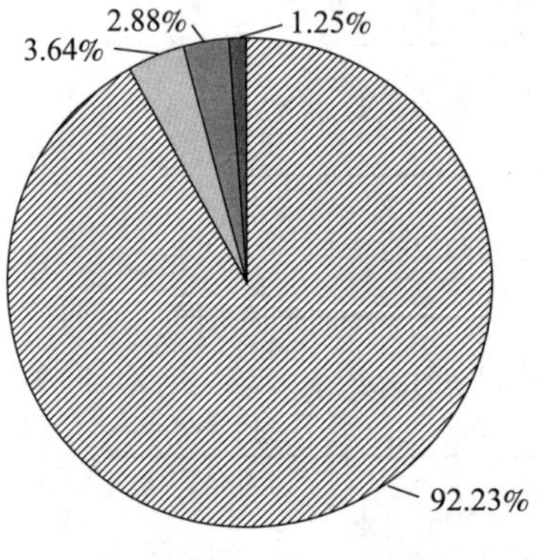

需求类型	比例
生理需求	92.23%
安全需求	3.64%
爱与归属需求	2.88%
尊重需求	1.25%
自我实现需求	0

图 1-2-2 马斯洛需求层次（一）

回到销售方面，这个需求层次的客户数量是巨大的，他们是最强烈的价格敏感者，他们通常会密切地关注产品的价格，并以此为依据

来进行购买的决策。也就是说，在做购买决策时，价格是最重要的考虑因素。他们通常会不厌其烦地进行价格比较，就是为了寻找最低的价格，毕竟他们可支配的收入很少。在与这个需求层次的客户接触过程中，销售员会发现，他们非常喜欢购买打折或促销的产品。如果价格出现变动，那么他们会马上做出相应的调整。

这个需求层次的消费者大概率地存在于食品、日用品、电子产品等基本生存的领域，在这些领域中，产品基本品质的差异并不大，价格就是选择的最重要因素。目前，随着电子商务的发展，这个需求层次的消费者越来越多地在互联网上消费，网上的降价和促销策略对他们有足够的吸引力。

案例

客户：李先生

基本情况：48 岁，在建筑工地做小工（靠卖力气，没有技术）。保险销售员向李先生推荐意外险，遭到李先生严词拒绝。

这个案例来自笔者辅导过的一位保险销售员，在复盘时，这位销售员很不理解客户的态度，他说："客户的工作存在很大的安全风险，一旦出现事故，他将面对巨大的经济压力，甚至倾家荡产。这样的案例可不少，他绝对需要这个意外险。其实一年只要 365 元，如果出了事能赔付几十万元呢。但是他根本听不进去，这人怎么这么蠢呢？"

其实销售员说得没错，很合乎逻辑，这个客户确实需要这个意外险。但是，销售员忽略了一件事，就是这个客户属于哪个需求层次？很明显这个客户属于马斯洛需求层次中最低的那一层，就是生理需求那一层。在建筑工地做小工的收入是很低的，而且随时会失业，很不稳定，还面临着被拖欠工资的风险。安全重不重要？重要。

但是，他还没活到那个份儿上，365 元对于几十万元的赔付确实很便宜，但是眼前朝不保夕的生活太重要了。而且，那不是意外吗？意外也不一定会发生。要是没发生意外，365 元不就白扔了？你看，他有他的道理。这个销售员唯一的问题是找错了人，在这个最低的需求层次，人们根本顾不上更高层次的那些需求，即便真的很需要，也买得起，但顾不上就是顾不上。所以，他们根本不是保险产品的目标客户。

销售员不应该歧视这个最低需求层次的客户，没有哪个人是主动停留在某个需求层次的，这一切都是现实的必然结果。做销售需要与客户共情，共情需要以客户为中心，深度的共情就一定要设身处地地站在客户的位置上想问题，换位思考说起来很简单，但做起来真的很难。共情不是卖东西给客户时才需要，而是在找客户时就需要了，只要做销售就需要。

三、安全需求层次客户的消费心理剖析

安全需求通常是指劳动安全、职业稳定、生活稳定、对抗灾难、未来的保障等方面的需求。安全需求比生理需求高一个层次，当生理需求得到满足后，人们会自觉地上升到安全这个需求层次。

在我们的调研中，处于安全需求层次的人的收入一般是比较稳定的，同时他们的收入能够满足目前自身和家庭的生存需求。满足了温饱，才会有余力思考安危的问题，这就是自然规律。在这个需求层次上的人开始关注安全的问题，比如当下的人身安全、工作和生活的稳定，或者是关于未来的保障和灾难的对抗，等等。调研数据显示，处于安全需求层次的人不再只盯着生理需求，他们会把更多的注意力放在安全方向上（如图 1-2-3 所示）。

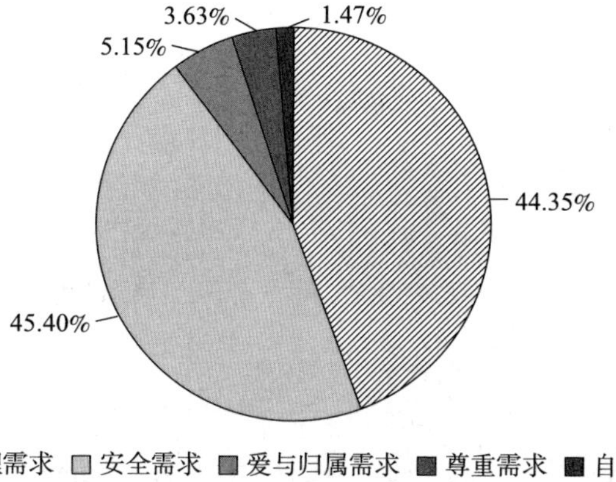

需求类型	比例
生理需求	44.35%
安全需求	45.40%
爱与归属需求	5.15%
尊重需求	3.63%
自我实现需求	1.47%

图 1-2-3 马斯洛需求层次（二）

在销售工作中，事关安全需求的产品，如果能够找到安全需求层次的客户，销售工作通常会比较顺利，如果找到安全需求层次以上的客户就更容易沟通。关于生存以外的消费，一个很重要的前提就是有余钱。什么是余钱？就是除支撑日常生存的消费以外，还有剩余的、可以支配的资金。是啊，没有钱怎么消费呢？但是，这个余钱不仅是用来消费的，更重要的是能够提供更高层次消费的心理支撑。也就是说，在人们的心理层面，只有满足了温饱，才有思考安全需求的资格。其实，这是很不理性的，明明是越穷越经不起风险！那么，从牙缝里挤也应该挤出钱来预防风险不是吗？但是，现实的情况是，当一个人达不到那个需求的层次，就不会有需求层次上的消费。对于活在生理需求层面的客户，即便销售员不厌其烦地与之沟通，客户能够理解，甚至是赞同，但在决策的时候，客户大概率还是会回归自己所在的需求层次，生存方面的消费决策就看价格，看到更高需求层次的消费就会直接拒绝。

案例

客户：张先生

基本情况：40岁，在建筑工地做大工（技术工）。

销售情况：保险销售员向张先生推荐意外险，经过两轮沟通，成交一单意外险，其他意向沟通中。

上次复盘后，保险销售员理解了自己的问题所在，他得到的建议是“寻找更高需求层次的客户”。于是这个保险销售员找到了另一个客户，这个客户张先生也在建筑工地上工作，但他是所谓大工，就是有技术的工人。他的工作收入大大高于之前靠卖力气生存的李先生，大工的薪水是小工的两三倍。而且，技术工人的可替代性很低，所以工作相对稳定，老板也会格外重视。即便失去工作，也更容易再找到岗位。销售成功再次复盘时，保险销售员回顾他跟张先生交流的情景时说：“首先，张先生的状态比李先生好很多，他眼里是有光的，很明显对未来是有期许的。而李先生是很颓废的，确实，有今天没明天的，他生存压力大啊。这次我跟张先生谈到安全的问题时，他表现出很大的兴趣，风险管理的理念也很有共鸣，一年365元对于他来说也不算什么，沟通了两次就成交了。”

“找对人，说对话”就是销售成功的秘诀，而无论是“找对人”还是“说对话”都是深度共情的结果。

四、爱与归属需求层次客户的消费心理剖析

爱与归属的需求属于社交的需求，每个人都渴望得到团体、同

事、家庭、朋友的关怀、爱护、理解。社交的需求比生存和安全的需求更抽象，属于感觉的范畴，这种需求是无法度量的。当一个人生存不成问题并且获得了适当的安全感，比如，具有稳定的收入和固定的住所，他的需求会很自然地升级。爱与归属这个层次的需求一般表现为渴望得到家庭、工作以及任何所处群体中合理的身份，希望被认可和被接受，如果得不到满足就会产生强烈的孤独感和疏离感。

比如，企业中的劳务派遣人员，可能与正式员工干的是同样的工作，但是，在各个节日却没有得到正式员工的福利品，于是马上就会失去归属感，觉得自己是外人，通常工作的积极性就会大受打击，并不一定是在乎那福利品值多少钱，主要是失落的感觉。但是，钟点工通常就不会有这种感觉，因为还处在只求生存和安全的需求层次，哪里顾得上这些？明天的午饭还不知道在哪里呢！

调研数据显示，身处爱与归属这个需求层次的人，大大地降低了对生存和安全层面的关注，因为生存和安全已经不太成问题了，此时，人们自然而然地开始关注情感和意识层面了（如图 1-2-4 所示）。

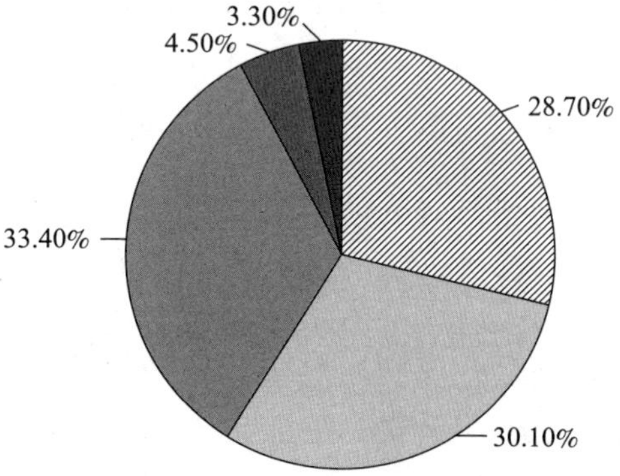

需求类型	比例
生理需求	28.70%
安全需求	30.10%
爱与归属需求	33.40%
尊重需求	4.50%
自我实现需求	3.30%

图 1-2-4 马斯洛需求层次（三）

对于销售工作来说，爱与归属需求层次的客户开始对产品的附加值感兴趣了。换个角度来说，在销售那些靠附加值获得更高利润的产品时，销售员应该从爱与归属需求层次开始寻找客户。比如，这个需求层次的客户开始对品牌感兴趣了，品牌是一种标志，能够提供归属感。就拿香烟的消费来说，从几元一盒到上百元一盒的都有，消费者从低到高各个需求层次的人也都有。收入极低的人抽烟就选价格最便宜的，不会在乎品牌，甚至买烟丝自己卷。价格跟产品的质量一定是相关的，但那种价格极贵的名牌香烟其质量好也不可能好出上百倍，这时候消费者抽的不仅是香烟，更是身份。

案例

客户：周女士

基本情况：42岁，某欧洲企业在华公司的资深职员。在国际学校招生中，周女士犹豫不决，最终为孩子选择了英国学校，放弃了加拿大学校。

这是一位加拿大某品牌国际学校的招生老师提供的案例，所谓招生，说到底就是在销售国际学校的入学名额，这些国际学校的学费价格不菲，是有门槛的。所以，把高薪、高知的周女士锁定为目标客户还是很精准的。不过，选择是双向的，其他国际学校也肯定在向周女士推销。那么，客户最终会怎样选择呢？国际学校的教学质量、学校硬件条件以及学习风气、市场口碑都是很重要的选择因素。这位招生老师说：“我所在的国际学校是加拿大品牌，在各方面都有很大的优势，而且我的销售工作已经做得很到位了，客户也绝对有消费能力和消费意愿。但客户却一直在犹豫，目前还没有做出选择，我很疑惑。”其实原因很简单，就是周女士不只是在纠结费用、学校的软硬件质量，她更多的是在纠结那种叫归属感的东西。她是欧洲企业的资深职员，这么多年必定已经有了很强的归属感。要知道，在欧洲人眼里，美国、加拿大就是没文化的暴发户。如果选择了加拿大品牌的学校，让周女士情何以堪？所以，在性价比差别不大的情况下，周女士选择欧洲品牌国际学校的可能性极大。一周以后，那位招生老师打来电话说，周女士最终选择了英国的学校。

在销售工作中，与客户共情的难度会随着客户需求层次的上升而越来越大，销售员需要持续提升自身的共情能力。要做到深度共情，最重要的是不断提升自己的心智和思想水准。

五、尊重需求层次客户的消费心理剖析

尊重的需求包括两部分：一个是自尊，另一个是他尊。自尊是向内的，指一个人能够独立自主并充满信心；他尊是向外的，是指个人的能力、成果和地位得到环境的承认，受到应有的尊重、信赖和正面评价。自尊和他尊会相互影响，自尊越强就越需要他尊来验证，他尊越高越会促进自尊的增强，这是极其愉快的状态。如果他尊不足以支撑自尊，那么就会痛苦。通常会努力做得更好，以博得他尊的验证。也可能抱怨、消沉、抑郁，于是孤芳自赏或自暴自弃。

这个需求层次的人群已经脱离了生存及安全的压力，他们的需求在不断地向精神层面上升。调研数据显示，该人群的关注点更多集中在归属与尊重层面。这个阶层的人群在工作岗位上都是佼佼者，通常不是管理者就是业务骨干，其中也不乏积极向上的基层员工（如图1-2-5所示）。

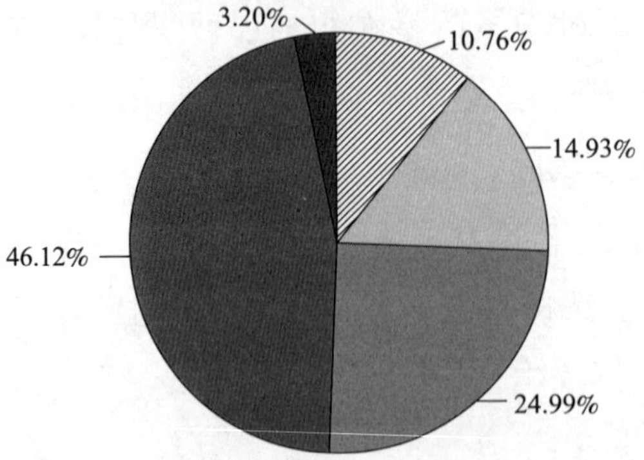

需求类型	比例
生理需求	10.76%
安全需求	14.93%
爱与归属需求	24.99%
尊重需求	46.12%
自我实现需求	3.20%

图 1–2–5　马斯洛需求层次（四）

就销售层面而言，当销售员面对尊重需求层次的客户时，就会发现客户对销售员的要求变得越来越高。客户的目光不只是停留在产品上，消费过程中的感受成为越来越重要的评判标准，而这时需要销售员提供的附加值就是真诚的“他尊”，以他尊达成客户的自尊就是深度的共情。

案例

销售员：Molly

基本情况：女性，33 岁，山东青岛某保时捷销售中心的销售顾问。2023 年，她销售了 170 辆保时捷，总价近两亿元。2023 年青岛保时捷总销售量约为 1000 辆，她一人成交量在全年总销售量中占比约 17%。

这是一个闻名全国的案例，Molly 平均一天接待 3 位客户，最高的时候成交率达 40%，相当于每 5 位客户中，就有 2 位下单。保时捷不是普通的汽车，是售价为上百万元的豪车，这种豪车的客户自然没有那么多，能达到这个销量真的很不容易。谈到 170 辆这个销售“神话”的秘诀时，Molly 大方地表示：“买豪车的客户是不差钱的，他们要的就是发自内心的尊重。我这个人最大的优点是比较真诚，不管对待什么样的客户，他们都能感受到我发自内心的尊重。在销售的过程中，我的认真和周到会让对方觉得我是真心在乎客户的，不是客套也不是装的。所以客户买过之后顺其自然地可能再找我买车，而且很多客户还会推荐朋友来购买。”

这个案例不禁让人想到了乔·吉拉德，他是世界上最成功的销售员，于 1928 年出生在美国密歇根州底特律市，是吉尼斯世界纪录认可的世界上最成功的销售员。1963—1978 年，他总共推销出 13001 辆雪佛兰汽车，连续 12 年荣登吉尼斯世界纪录销售第一的宝座，他所保持的汽车销售纪录——连续 12 年平均每天销售 6 辆车，至今无人能破。问起乔·吉拉德的销售秘诀，他说自己总结出了一个“250 定律”。他认为每位客户身后，大概有 250 个亲朋好友。如果你赢得了一位客户的认可，就意味着赢得了 250 个人的认可；反之，如果你得罪了一位客户，也就意味着得罪了 250 位客户。

Molly 就是深深地抓住了这个群体的需求，保时捷的质量和品牌就在那里，毋庸置疑，买保时捷的客户一定是认准这个品牌的。那么，为什么那么多人非得找 Molly 来买？为什么推荐朋友也来找她买呢？答案只有一个，就是他们在 Molly 这里消费的时候，得到了真诚的尊重和在乎，这就是来自他尊的附加值，以至于客户在满意之余，还会主动跟朋友分享这份尊重，介绍他们也来找 Molly 买车。此刻，深度共情就是其中不知不觉暗藏的神秘力量。

六、自我实现需求层次客户的消费心理剖析

在马斯洛需求层次理论中，自我实现的需求层次是最高级的，自我实现是一种创造性的需求。有自我实现需求的人更多的是为了获得成就感，他们会竭尽全力去实现自己的理想和目标，成功后的心理收益才是他们发自内心的真正追求。这个需求层次的人群很少受自己情绪的影响，他们的认知会比较清楚与准确，因而他们常常能够透过现象看到事情的本质。

调研数据显示，这个需求层次的人已经基本实现了财务自由，并拥有一定的社会地位，自我实现成为他们最关心的方向（如图 1-2-6 所示）。

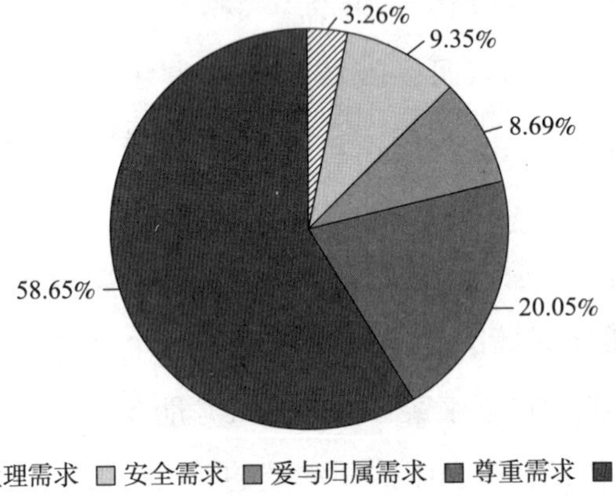

需求类型	比例
生理需求	3.26%
安全需求	9.35%
爱与归属需求	8.69%
尊重需求	20.05%
自我实现需求	58.65%

图 1-2-6　马斯洛需求层次（五）

在销售工作中，面对这样的客户，无论销售什么产品，成交都是极其简单的事情，也是极其困难的事情。客户不差钱也很明智，成交通常取决于客户对销售员的认可程度。而客户的这个认可比之前的尊重需求要更高一级，就是要看销售员能不能在思想上与客户产生深度的共情，即让客户感觉找到了“知音”。

案例

客户：赵总

基本情况：男性，42 岁，理工科毕业。咨询师与赵总谈人生理想、经营理念两小时，最终赵总很满意，示意副总经理与该咨询师所属公司接洽管理咨询项目签约事宜，其他两家先跟客户老板会谈的竞争对手直接被淘汰出局。

这个案例是笔者的亲身经历，笔者就是那个咨询师。其实，见到赵总之前，跟对方公司的副总已经交流过不止一次，对方公司的副总已把挑选出来的三家供应商提交给老板定夺。因为项目费用金额比较大，周期也长，所以客户方很重视。在提交给老板之前，关于项目方案双方已经有过多次深入的交流，副总也向老板正式汇报过交流的结果。

市场如战场，不能打无准备之仗，做销售也一样，知己知彼，百战不殆。据了解，客户企业发展迅猛，两年时间，员工数量从 100 多人快速扩充到 500 多人，产值也从几千万元猛增到数亿元。而客户赵总的情况是：男性，42 岁，理工科出身，材料学博士。赵总无论如何都是马斯洛需求层次理论中最高级别的人，企业做到几个亿的规模，已不再会为了生存、安全、归属、尊重需求操心了。但他还是很努力地做事，这是为什么呢？这就是自我实现，把企业做大做强，去上市敲钟，说到底都是为了成就感。

另一个问题是为什么做项目？一个项目的实现，流程和细节很重要。但是，赵总关心的并不是这些，他关心的是企业的方向和战略。项目流程、细节也都是为这个方向、战略服务的。那些细节自有副总等一行人把握，不是赵总关心的范畴。

那么跟赵总进行交流就必须有足够高的站位，因为笔者也是理工科毕业，于是这便是最好的切入点了。从理工科的学习谈到技术进步，再到科技报国。从做人准则谈到管理理念，再谈到企业战略。笔者不断地在自我实现的层面上跟赵总共情，不断给出那个层面上有价值的建议。不知不觉两小时就过去了，看似根本没谈到咨询项目的内容细节，其实也都谈到了，只不过谈的是以项目为基础的更高层面的事情。最后，赵总意犹未尽，相约再聊，项目也就顺理成章地敲定了。

后来了解到，竞争对手跟赵总的会谈基本上是照搬跟副总的交流模式，主要谈项目的过程和细节，他们对于赵总位置上会想到的问题根本没有主动地谈，甚至被赵总问到了，因为没有准备也答不上来，这样做被淘汰也在情理之中。

共情是随时随地都要做到的事情，销售员要把共情变成一种本能。要把共情当作一种功夫，坚持练习、揣摩，把自己修炼成善于深度共情的功夫高手。

第三节　客户交流细节捕捉法：深度倾听中找到共情的机会

销售员的工作形式就是与客户交流，销售员要在与客户的交流中通过细节捕捉到共情的机会，从而促使客户产生消费行为，这就是客户交流细节捕捉法。

想要通过交流中的细节捕捉共情的机会，倾听是基本功。强大的倾听能力可以让销售员更好地了解客户的需求、期望和关注点。同时，高效的倾听行为还能够增强销售员与客户之间的互动，对于建立信任关系及提高客户满意度都有很好的促进作用。

一、倾听的视角有三个级别

倾听有三个级别的视角，最低级的是向内视角，高级一点的是向外视角，最高级的是俯视视角，也叫上帝视角。

任何人，出现向内视角都是很正常的，这是人的本能。但是，如果一个人只有向内视角，那么他的工作和生活必定是举步维艰的。因为人是群居动物，没有人能够做到不与他人接触而生存。所以，如果一个人只有向内视角，则必定难以与他人和谐相处，作为一名销售员更是如此。在销售员群体中，停留在向内视角的人无疑是应该被淘汰的。这样的人危害很大，他们不仅不能成交还白拿工资，更重要的是会不停地在与客户的沟通中伤害客户资源，影响企业的口碑。

一名合格的销售员应该在倾听中主动打开自己的向外视角，就是在交流中以客户为焦点。这是销售员的基本操作，不关注客户的表达怎么可能抓住让客户购买的机会呢？不过这只是最起码的要求，还远远达不到一个优秀销售员的状态。

一个优秀的销售员应该站在高处向下俯视。优秀的销售员既要关注自己的利益，也要关注客户的利益，并且要在自己利益与客户利益之间找到平衡点，如此才能开启一场科学、高效的销售沟通（如图1-3-1 所示）。

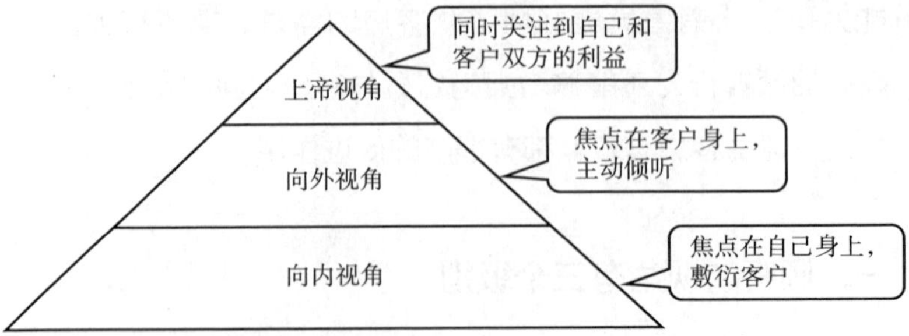

图 1-3-1 倾听的视角

二、倾听不仅靠耳朵，还要靠眼睛

语言不仅来自说话，还来自行为，销售员不仅要会听，还要会看。倾听不仅用耳朵，还要用眼睛。要不然明明有电话，大家怎么还经常需要费时费力地相约面谈呢？行为往往是下意识的，也是最真实、最准确的，人可能会说谎，但通常下意识的行为不会骗人。

行为语言包括面部语言、肢体语言和身体语言三部分，其中，面部语言是指面部表情，肢体语言是指四肢的动作，身体语言是指身体的姿态。

首先是面部表情，脸上的器官最多，眉、眼、鼻、嘴、脸颊，每个表情都有不同的意思，面部表情传递出来的信息是最微妙的。比如，客户眯着眼睛看你，那么他对你就多少有些厌恶、不欣赏，甚至蔑视、鄙夷。客户频频点头那一定是肯定、赞同或者表示明白了、听懂了，有价值的意思。客户目光平和地正视你，那就是自信、友善、诚恳、有安全感、接纳的表现。而客户不看你，不与你目光接触，那么必定对你是不信任的，潜台词就是逃避、漠视、没有安全感、消极、恐惧或紧张等。客户频频打哈欠，那是不耐烦和无聊的意思。客户咬嘴唇，那是紧张、害怕或焦虑、忍耐。客户眉毛上扬，是意外、不满的表情。客户撇嘴冷笑，就是不屑、鄙视。客户鼻子冷哼了一声，那是预料中的不满。客户微笑，必定是同意、满意、默许、认可的表现……

其次是肢体语言，客户抱臂，是抗拒、漠视、不欣赏、旁观的心态。扭绞双手则代表紧张、不安、为难或害怕。摊开双手表示无可奈何。鼓掌表示赞同、高兴、喜欢。拍桌子肯定是表达愤怒。向外挥手表示驱赶、拒绝、放弃。左右摇动手掌表示否定、拒绝、反对。用手指指点表示不满、批评。拍大腿表示感慨、后悔、遗憾。抖腿表示不安、无聊……

最后是身体语言，身体语言是指身体的姿态。沟通中客户身体向前倾代表客户注意力集中或感兴趣。身体后仰表示傲慢、不屑。抬头挺胸是自信的表现。伸懒腰表示不耐烦和无聊。在座位上不断换姿势表示不安、不耐烦。左顾右盼表示有心事、不关心。捶打身体表示敷衍、不在乎。来回走动是不安、不耐烦。中途离开表示不重视、不在乎……

以上无声的行为语言，销售员在与客户的沟通中必须关注，不仅要看见，还要看懂。行为是对语言的佐证，比如，嘴上说着很喜欢，看看表情就知道是不是真的。真的喜欢，表情必定是笑脸，假的喜欢也许是客气话，但表情大概率是笑不出来的。嘴上说着感兴趣，但身体很诚实地远离，那就是假的，要是真的感兴趣必定会往前凑（见表1-3-1）。

表 1-3-1　行为语言释义

面部		肢体		身体	
表情	释义	动作	释义	姿态	释义
客户眯着眼看你	厌恶、不欣赏、蔑视、鄙夷……	抱臂	抗拒、漠视、不欣赏、旁观……	身体前倾	注意力集中、感兴趣……
频频点头	肯定、赞同、明白、听懂了、有价值……	扭绞双手	紧张、不安、为难、害怕……	身体后仰	傲慢、不屑……

续表

面部		肢体		身体	
表情	释义	动作	释义	姿态	释义
目光平和正视	自信、友善、诚恳、有安全感、接纳……	摊开双手	无可奈何……	抬头挺胸	自信、主动、积极……
避免目光接触	不信任、逃避、漠视、没有安全感、消极、恐惧、紧张……	鼓掌	赞同、高兴、喜欢……	伸懒腰	不耐烦、无聊……
频频打哈欠	不耐烦、无聊……	拍桌子	愤怒……	在座位上不断换姿势	不安、不耐烦……
咬嘴唇	紧张、害怕或焦虑、忍耐……	向外挥手	驱赶、拒绝、放弃……	左顾右盼	有心事、不关心……
眉毛上扬	意外、不满……	左右摇动手掌	否定、拒绝、反对……	捶打身体	敷衍、不在乎……
撇嘴冷笑	不屑、鄙视……	用手指指点	不满、批评……	按摩肩颈	敷衍、不在乎……
鼻子冷哼	预料中的不满……	拍大腿	感慨、后悔、遗憾……	来回走动	不安、不耐烦……
微笑	同意、满意、默许、认可……	抖腿	不安、无聊……	中途离开	不重视、不在乎……

三、三个步骤快速提升倾听的能力

高效的倾听通常有三个步骤：接受、反馈和理解（如图 1-3-2 所示）。

图 1-3-2　高效倾听三步骤

倾听的第一步是接受，就是要求销售员在与客户的沟通过程中，首先，要做好倾听的准备，一定要先放下自己的成见，客观地面对客户。其次，要全神贯注地倾听客户的表达，一定要管住自己的嘴，既不能随意打断对方，也不要武断地提前做出判断，要以积极、耐心的态度表现出对客户话题的兴趣和关注。

案例

客户：魏先生

基本情况：60岁，农民，经营大型农家乐30年，资产数千万元。为儿子在省会城市购买婚房，因被某楼盘销售员歧视，发生言语冲突后，魏先生怒转其他楼盘，当场购买了价值500万元的别墅一套，并大骂之前的销售员狗眼看人低，闹得业界无人不知。

这样的案例自古就有，不是什么新鲜事。大家都知道不能以貌取人，但销售员群体中总有人犯这种低级错误，这不仅会失去客户、失去订单、失去收入，更重要的是失去企业的口碑。说到底，问题就出在销售员带着成见的工作状态，60岁的农民是经历过苦日子的，勤俭是他们的本色，没多少文化是大概率事情。他们也许无知、粗俗、贪小便宜，但这些都无法阻碍他们有钱，也不能妨碍他们成为优质的客户。事情发生之后，虽然销售员受到严厉的批评，但生意已经无法挽回，尤其是企业的声誉更是受到难以逆转的损毁。

案例

销售员：李先生

基本情况：西安劳斯莱斯汽车某门店，销售员李先生热情地接待了一位根本买不起豪车的小伙子，视频传遍全网，好评如潮。

其实销售员群体中也不乏优秀的人士，这位西安的劳斯莱斯门店销售员李先生就是其中的代表，那个小伙子怯生生地走了进来，任何人都能看得出他不可能买得起豪车，他自己也知道，只不过是渴望能看一看、摸一摸。没想到销售员李先生热情地接待了他，并鼓励他坐上车子去体验、感受。小伙子坐在车里，情不自禁地说自己可能一辈子也不会拥有这样的豪车，面对小伙子的感慨，李先生给予了积极的鼓励，说只要努力就有希望。销售员这共情能力真是没得说，这段经历被拍成视频发到网上，温暖了无数人的心，产生了共鸣。销售员李先生接受采访时表示，这件事让他收获了很多的温暖和鼓励，他感谢大家的关注和夸赞。他说自己只是完成了一名合格销售员的分内工作，却没想到会引起这么多关注。

倾听是接受客户的第一步也是最基础的一步。世界上最难的事就是知行合一。有句名言说，你最大的敌人就是你自己，放下自己的成见并不是一件容易的事情。但是，作为一名销售员，应该做到放下成见也必须做到。

倾听的第二步是反馈，有效反馈是有效倾听的具体体现，销售员可以通过倾听获得客户的大量信息并及时做出有效的反馈，这对于激发客户的消费热情、提升销售业绩具有重要的作用。如果销售员在倾听中没有合理的反馈，对于客户来讲不仅是“对牛弹琴”，更是感受到了怠慢。销售员应该在倾听的过程中用行为让客户感觉到自己在用心地听他说话。

倾听的反馈有很多种，包括收到、赞同、求解、提问、总结等。

在倾听中，销售员要时不时地用语气词表达自己收到了对方的信息，包括但不限于“嗯！”“哦！”“哦？”“嚯！”“是吗！”等。这些语气词所达到的目的一方面是与客户的表达保持连接，另一方面是用相应的语气词配合客户表达的内容。

倾听中销售员要合理地赞同客户，即对所获信息加以积极的评价和判断。比如，“这个办法不错！”“真厉害啊！”“太牛了！”“还可以这样！”“真让人佩服！”等。

倾听中销售员没听明白或者没跟上客户节奏的时候一定要主动求解，否则，后面越来越不明白，很容易被客户认为销售员在敷衍。比如，“不好意思，这个事我没听明白，您能再给我讲讲吗？”这时候客户是愿意讲明白的，因为客户需要销售员明白。

倾听中可以利用提问从客户口中获取更多的信息，提问还可以控制交流的走向，销售员应该具备以提问的方式引导客户走向成交的能力。比如开放式的问题，“这个产品确实存在一些小问题，那么您觉得这个产品有哪些优点呢？”再如封闭式的问题，“如果价钱不是问题，那么您最在乎的是款式还是功能呢？”……

倾听中销售员可以通过总结客户表达的信息来控制交流的节点，以引导出结论或下一个话题。比如，“我理解您的意思了，您更倾向于大平层而不是别墅。”又如，“我明白了，那咱们换个思路，研究一下二线品牌，性价比高的产品有很多呀！”……

倾听的第三步是理解，就是分析听到的内容，努力理解并与对方共情。销售员应该培养自己的洞察力，要做到从客户的言语和表情、肢体语言中识别出情感与需求。然后就是共情式的表达，我们经常看到的是销售高手与客户共情的效果，殊不知，关键在于对客户深度倾听后的分析和理解。

案例

客户：董女士

基本情况：37岁，未婚，某民营企业老板。婚介公司的红娘在与其沟通过程中，使用倾听技术成功与之签约价格不菲的VIP会员。

婚介公司销售的是婚介服务，红娘也分为销售岗和服务岗。销售岗的红娘为大家分享成功经验的时候，说：“其实聊了两个多小时，基本上都是客户在说。咱们上岗前培训过，要把自己的成见都清除干净。说实话，这位董老板的观点有些现实，有些也不是很靠谱。大家都知道，客户不一定会有什么样的想法，也许很幼稚，也许很偏激，但咱们必须包容。”

她接着说：“沟通过程中，我按照培训过的技巧一直在用眼神、点头和语气词跟随。除了这些我还做了一件事，就是一直在记录，这让她觉得我很重视她。我发现她对记录这件事有格外的好感，这也许跟她是老板有些关系，所以，我做记录这个行为对于她来说应该是很受用的。”

最后她说：“我一边听一边分析、理解她的诉求，根据我的记录为她梳理出要点，设立高、中、低三个级别，最后用思维导图做出目标对象的画像。总体来说，我的体会是，首先我做到了倾听的所有技巧，这是个基础，客户在感觉上是很舒服的。然后，我的行为体现出了公司的专业性，包括科学的分析方法、筛选方法以及展示方式等。于是，成交就是水到渠成的事情了。”

董女士至少处在尊重需求这个层次上，她经营着一家企业，应该是很务实的。真诚地、尊重地倾听，再加上专业的工作方式，这些就是红娘促成交易的原因，说到底还是跟客户达成了共情。

四、在深度倾听中捕捉共情的机会

以上三个步骤只是倾听的基本要求，那么怎样做到“深度地倾听”呢？所谓深度地倾听，是指在倾听中同步分析客户的表达，即这些表达背后的意图。关于倾听的深度包括三个层次，即听事实、听情绪、听意图（如图 1–3–3 所示）。

图 1–3–3 深度倾听冰山模型

听事实的意思是要保持倾听的客观性，客户的表达很可能有偏颇或者情绪化，深度倾听的前提是把握客观事实，一切要以客观事实为出发点。

听情绪是指关注客户的情绪，虽然客户的情绪是主观的，但客户是重要的，所以客户的情绪是很重要的。销售员首先要感知对方的情绪，然后要把自己的感受反馈给对方，以达成与对方的共情。

听意图是指要挖掘客户内心深处的诉求，就是说客户到底想要什么。很多客户并不善于表达自己的意图，很可能出现他们说出来的话跟真正的意图大相径庭的情况。这就需要销售员具备强大的分析能力和经验，这才是深度倾听的关键。

案例

客户：王经理

基本情况：男，35岁，部门经理。王经理向销售员抱怨，上次来拜访他的销售员迟到，他很生气。

以下是王经理的原话：“你们这样的公司太不专业了，上次的销售员明明跟我约好下午两点，居然迟到半小时，所以，我把他赶走了。窥一斑而知全豹，这让我无法相信你们是一家靠谱的企业，我怎么敢把我们的项目交给你们做呢？”（见表1-3-2）

表1-3-2 倾听深度分析

事实	情绪	意图
上次的销售员明明跟我约好下午两点，居然迟到半小时，所以，我把他赶走了	你们这样的公司太不专业了…… 这让我无法相信你们是一家靠谱的企业	我怎么敢把我们的项目交给你们做呢

其实，王经理说了这么多，事实只有一个，就是“上次的销售员迟到半小时，所以，我把他赶走了”。而“你们这样的公司太不专业了……这让我无法相信你们是一家靠谱的企业”则是情绪的表达。这不是确定的事实，只是王经理的主观判断。王经理很明显处在尊重需求层次，所以，对于迟到这件事不满的情绪很大。那么，王经理的意

图是什么？就是最后一句：“我怎么敢把我们的项目交给你们做呢？”其实他是想说：“你赶快向我道个歉，好好尊重我一下，我好继续跟你们合作呀！”如果真的不想合作了，他根本就不会再见你们了。

那么，销售员要做的事就是安抚王经理的情绪，给予他足够的尊重，主动道歉，不要找借口、找理由，要承认无论什么原因都是我们的错，我们以后一定会改正。甚至要感谢王经理及时发现我们的问题，感谢王经理不姑息我们的错误。最后，给王经理写一封道歉信也未尝不可。此时，王经理自然会选择原谅，甚至转怒为喜。

这时，销售员很可能做出错误的应对，错误的应对一般会有两种：一种是解释关于迟到不可抗力的原因，另一种是证明自己的公司其实还是很靠谱的。但这两种应对方式都不是王经理想要的，这么做很可能适得其反，即便勉强过关，也是后患无穷。

都知道做销售必须勤快，这个勤快不仅是指身体力行，更重要的是指动脑筋。深度的共情需要销售员做一个头脑勤劳的人，深度共情就要深度思考、深度研究。

第四节　高效的销售表达呈现法：看得见的共情力

提起销售员，人们的印象通常都是能说会道，其实，做销售工作仅靠能说会道是远远不够的。销售的呈现是一个综合工程，销售员面对客户的一切主动的或被动的、有意的或无意的表达都属于销售呈现的范畴。所以，在销售工作的过程中，客户看见的、听见的以及任何感觉到的信息都是销售员需要负责的。是否能够促成客户的消费，就看销售员做出的所有呈现是否能够与客户共情，高效的销售表达呈现法就是看得见的共情力，即销售工作成功的最强推动力。

一、第一印象是销售呈现的重点，也是对共情能力的考验

任何人与陌生人第一次接触交流后都会留下印象，这就是第一印象。有句话叫先入为主，就是说人们第一次形成对某人或某事物的印象具有更大的影响力。所以，当一个人的第一印象出现在人们的头脑中，基本上就会成为人们决定自己未来与之交往的行为依据，无论第一印象是好还是坏。

那么对于销售员来说，第一印象更是重中之重了。销售员要想取得好的业绩，很大程度上就是靠客户的认可。客户对销售员印象的好坏往往决定着客户是否进行消费，而第一印象又决定着客户在未来对待销售员的态度，甚至决定着客户是否会继续与销售员接触下去。

第一印象由三部分组成，即形象、语言和行为（如图 1-4-1 所示）。

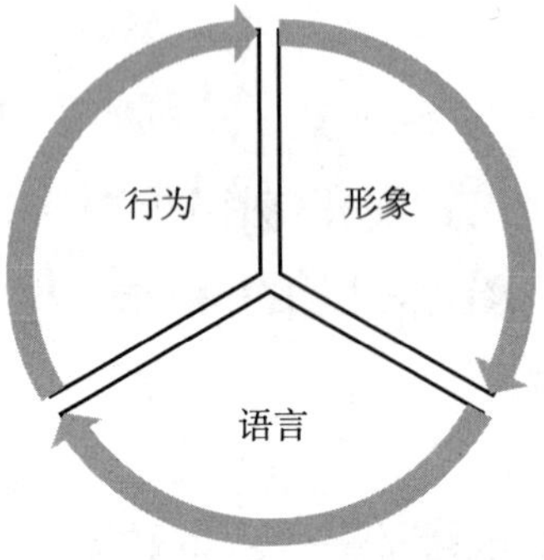

图 1-4-1　第一印象的组成结构

1. 个人形象是第一印象的最直接因素

人与人的接触是从形象开始的，即便两个人没有交谈、没有共事，可能只是打个照面而已，同样会留下第一印象。第一印象最大的

可能来自外部形象，所以，个人形象是第一印象的最直接因素。

关于销售员的形象，干净、整洁、大方是必需的，邋遢或者另类肯定是不可取的。销售员的装扮、配饰既不要过于奢华，也不要过于简朴，最好是处于中间状态。因为过于奢华很可能让客户感到浮夸，而过于简朴又很容易引起客户担心实力不足。

关于形象，更重要的还是精神面貌，就是给客户的感觉是积极的、精力充沛的、热爱工作的，还是消极的、颓废的、混日子的？这些是客户看一眼就能感知到的。有时候，销售员在与客户的首次见面中，发现客户从一开始就表现出不太感兴趣的样子，经常是花费很大的力气也不一定能有所改善。可是如果客户不感兴趣又怎么会与销售员相约见面呢？这种情况大概率是因为客户对销售员的外部形象和精神面貌感觉不是很好。

案例

销售员：孙先生

基本情况：25 岁，经常得不到客户的信任，被客户要求让他的上级来谈。

孙先生，25 岁，身材瘦小又眉清目秀，留着青少年时髦的发型，即便穿上西装，看上去也还是像个十八九岁的青少年。这不是形象的问题，而是值不值得信任的问题。客户对孙先生说得最多的一句话是“让你的领导来谈”，仿佛在学校被老师请家长。后来我们给孙先生进行了外形的改造，其实也没什么可改造的，身高和长相都无法改变，西装也是公司发的。主要改变的是发型，直接剃成板寸，实话实说真的不如原来的发型好看，但是人看起来却成熟多了，至少不会被认为是一个青少年。不过更重要的还是精神面貌，毕业 3 年了还经常处于上学时的状态，比如，在工作间隙，只要有一点时间，哪怕就5分钟，也会玩一会儿手机游戏。孙先生孩子气太重，客户一看就觉得不靠谱，所以业绩一直不好。还好他自己知道着急，没有破罐子破摔，在上级的帮助下，他慢慢有所进步，最终成为一名合格的销售员了。

形象问题比较好解决，如果提前意识到是能够避免出问题的。

2. 语言是第一印象的重头戏

20 世纪 60 年代，美国心理学家阿尔伯特·梅拉宾提出了梅拉宾法则，即在人际沟通中，沟通的效果取决于三个方面：内容、表达和肢体。内容是指说话的内容，所占比例仅为 7%；表达是指说话的声音、语调、语速、结构、修辞等表达技术，所占比例为 38%；肢体是指说话者的表情、肢体动作、仪态等肢体语言，所占比例为 55%（如图 1-4-2 所示）。

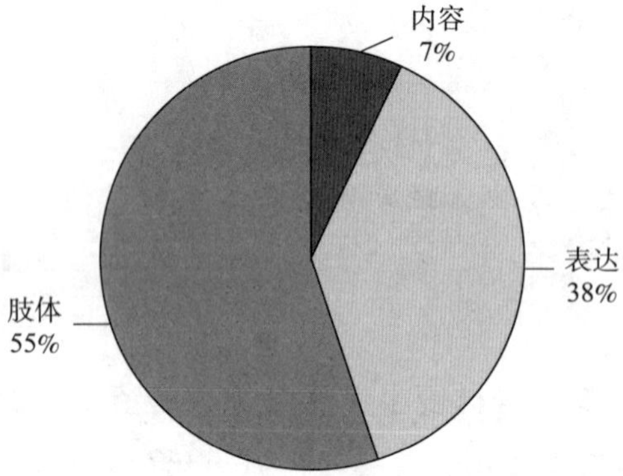

图 1-4-2　梅拉宾法则

很多销售员发现自己没有“客户缘”，往往是因为第一次见客户就得不到好感，但他们之中也不乏专业知识很强的人。恐怕他们也很疑惑，为什么自己满腹经纶却得不到客户的认可？梅拉宾法则很直接地给出了答案，销售员在跟客户的交流中，即便说出再有价值的内容也只起到了 7% 的作用。在销售的沟通中，更具价值的是表达能力和肢体语言能力，这两个能力没有捷径可走，只能自己下功夫。销售员当然可以慢慢地在客户面前磨炼，但是损失客户资源无疑代价太大了，而表达能力和肢体语言能力都是可以通过训练获得快速提升的，这也正是企业重视销售培训的原因。所以，销售员应该在第一次见客户之前，就对自己的表达能力和肢体语言进行有效的训练和提升，以期在客户面前留下良好的第一印象。

3. 行为是第一印象的第三层面

人们常说嘴会说谎，但身体很诚实。比如，第一次见面，就发现某人欺负快递员、清洁工等弱势群体，这个不善良的第一印象就留下了。那么，之后他再怎么表达善意，都会被认为是看人下菜碟，绝非善类。或者第一次见面，就发现某人乐于助人，尤其是帮助弱势群体，于是与人为善的第一印象就此留下。那么，之后再见面，好感自会油然而生。这就要求销售员主动提升自我修养，加强自身综合素质。勿以善小而不为，勿以恶小而为之。销售员要让优秀成为本能，如此才能以不变应万变。要发自内心地做到，而不是假装做到。那样不仅很累，而且很容易适得其反。

二、销售员自我价值的呈现就是与客户共情的过程

大家都知道，人际交往中呈现技术很重要，但是呈现什么内容呢？这就要回到人际交往的基本原理，即价值是一切人际关系的核心。价值是人际关系的基础，是决定人际关系发展的最关键因素。

在人际关系建立之初，价值就经常能够起到决定性的作用。物以类聚，人以群分，在人际交往中，人都是本能地选择与价值观一致的人交往。不要觉得君子之交淡如水有多高尚，也许没有多少物质来

往，但是精神上的共情不是巨大的价值吗？人际交往也不一定非得是价值观一致，退而求其次，能够互相提供其他价值也是可以的。人际交往的熟络或者情感的热烈都是人际关系的表面现象，人际关系的质量取决于双方能否在交往中获得自己需要的价值。如果长期不能提供无论是物质还是精神层面的价值，那么，这样的人际关系必定会走向疏离。

在销售工作中，销售员为客户提供价值是必需的事情，就像客户付费也是必需的事情。销售员一定是渴望成交的，所以，就看客户怎么决策了。而客户的决策无非来自销售员所能提供的综合价值，客户要看这些价值是否超过自己所付出的成本。超过就很顺理成章地成交，不足就会一直等待或者寻求其他途径消费。

销售员为客户提供价值有四个方面的条件，即需求、场景、同频和实力（如图 1-4-3 所示）。

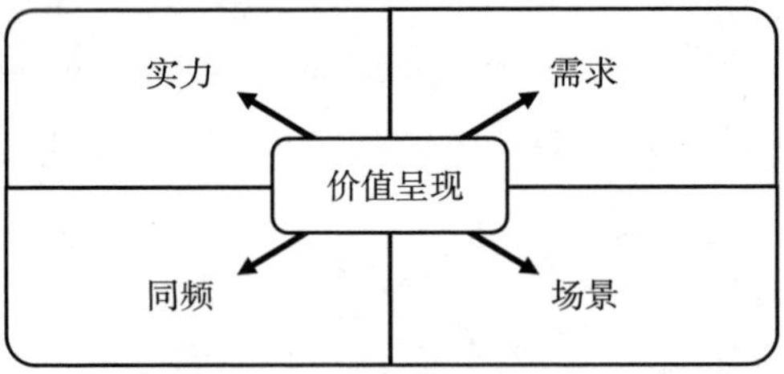

图 1-4-3 销售员价值呈现的四个方面

首先是需求，销售员应该努力满足客户的需求，客户的需求不一定是关于产品，也可以是其他与产品无关的需求，这些都应该被销售员看作促成交易的机会。比如，可以是用自己的产品帮助客户解决某种难题，也可以是靠自己的资源和能力去帮助客户解决与产品无关的某种困扰。

其次是场景，场景是指销售员要努力捕捉为客户提供价值的机会。因为在某些特定的场景下，销售员才会有机会最直接、最快速地为客户提供价值。比如，无论是否与产品销售相关，得知客户遇到问题就马上到场帮助解决，这样的行为胜过千言万语，客户是肯定能够真实体会到的。哪怕是没有达成满意的结果，可是，主动提供价值的态度于客户也是很有意义的。虽然这样的场景可遇不可求，但是销售员应该保持敏锐的洞察力，随时捕捉这样的机会。

再次是同频，意思是提供价值要关注对方的特点，销售员不大可能让客户向自己靠拢，最大的可能性是销售员主动兼容客户的想法和态度。如果销售员提供的价值不能满足客户的意愿，就算能够解决问题，也很可能让客户不愉快。这种事情尤其容易出现在非物质层面的价值上，所谓拍马屁拍到马腿上，就是这个意思。

最后是实力，提供价值需要实力，无论是物质层面还是精神层面都需要实力。实力不足的销售员很容易被客户轻视，成交的机会将受到很大的影响。销售员靠什么为客户解决问题？除了产品，就是个人的能力和资源。这就必须面对实力的考验，销售员只能苦练内功，无论是能力还是资源。能力要靠练习，资源要靠积累，除此之外并没有更好的办法。而这些努力都需要在工作中额外地付出，大家都在一起工作，最终脱颖而出的人必定是多做了一些事情。

案例

客户：刘先生

基本情况：销售员与刘先生的关系一直不冷不热，刘先生的需求也很明显，就是在选，无非是买谁的不买谁的。销售员抓住刘先生父亲患病的机会，为其解决难题，促使刘先生欣然签约，并且与销售员结为挚友。

刘先生的需求是突然产生的，就是他父亲突然得了病，需要治疗。以目前的关系，销售员这个时候不可能被允许去家里探望，这是场景的问题。但是，老爷子住院了，这个场景就可以去探望了，通常客户也没有办法拒绝。父亲病了，儿子难过是必然的，这个同频不难做到。到目前为止，销售员提供了一些低端的价值，此时与刘先生的关系却近了很多，但还算不上有多亲近。

后来，刘先生父亲住院半个月疗效甚微，这是个机会，但也考验着实力。销售员回到公司就开始寻找资源，果然找到一位专治此病的老中医。推荐给刘先生后，没想到竟然药到病除。刘先生感激万分，欣然签约并转介绍客户无数，刘先生放言销售员就是自己的亲兄弟。相信，即便老中医不能药到病除，刘先生也会感受到销售员的态度，销售员要明白每次对客户的付出都是价值的积累。

三、用结构化的表达与数据证据给客户最明确的、直接的感受

优秀的语言表达并不是滔滔不绝，而是结构清晰。“颠三倒四、云山雾罩或者天上一脚地下一脚”常用来形容一个人的表达能力差。所谓出口成章，就是说表达的结构好，因为文章是格外需要结构的。结构化的表达是最具价值的表达，尤其是在对产品进行讲解的时候，结构化的方式会使表达更加有条理性和逻辑性，可以大大地增强说服力。

结构化表达的第一点就是明确主题，在表达之前，首先要明确表达的主题是什么？明确地提出主题可以使表达更有针对性，也可以避免跑题。其次要以客户关注点、疑感点为开端吸引其参与讨论，因为这也正是客户需要解决的问题，所以很容易被代入其中。之后，便可以推出解决方案，同时使用论据来论证方案的可行性，证

据和例子是最具说服力的，可以使表达更具可信度。最后对方案进行拆解，把每个步骤清晰地展现在客户面前。目前，这种金字塔式的结构化表达是大家最为习惯和接受的方式，也是最科学的表达方式（如图 1-4-4 所示）。

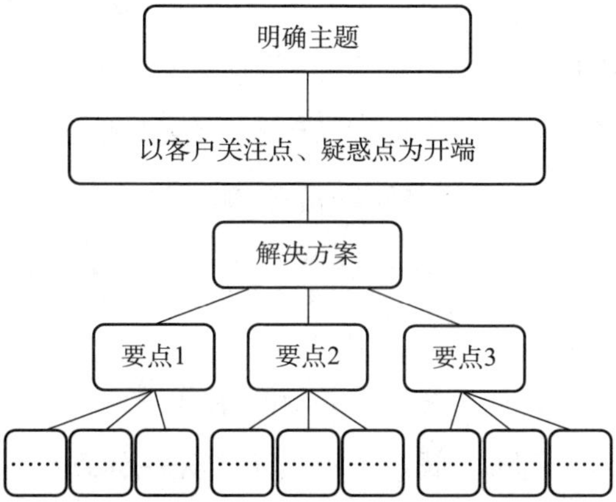

图 1-4-4 结构化表达模型

在结构化表达中，还有一个更高价值的技巧就是数据的应用。比如，我们的箱子很结实，不如说我们的箱子可承受 100 千克的重压；我们的机器寿命长，不如说我们的机器可以连续运转一万小时；我们的用户都很满意，不如说我们的用户满意度达到 99%。数字的出现给人以客观的感觉，数据天然地具备更强的说服力。尤其是在销售工作中，充分运用数据是提升说服力的最好办法。

案例

销售员：吴女士

基本情况：销售员吴女士在工作中遇到“瓶颈”，与客户的交流效果不佳，甚至被客户投诉说头脑混乱、思路不清。

在对销售员吴女士的辅导中，我们发现吴女士最大的问题就是不会使用结构化的表达。吴女士总是下意识地从一些细节展开与客户的对话，其实，作为谈话的开场，这样也不是不可以，只不过要快速地回到主题上。但她经常会陷在不同的细节中来回跳跃，说了半天就是没有主题，难怪客户会投诉。另一个问题就是吴女士不会用数据说话，总是用模糊的话语来表达各种不同的交流场景，所以，客户感觉她不靠谱是必然的。最后，我们为吴女士提供了一个沟通的模板，即跟客户沟通的流程，然后督促她按照模板调整自己的行为，以期养成新的习惯。经过一段时间的调整，吴女士的沟通能力有了很大的提升。

在销售工作中，表达有多重要就不用多说了，销售员表达的好坏会直接影响客户的判断。低效的表达不仅无法体现出产品的价值，而且会降低客户的评价。要做到结构化、数据化的表达一般都要主动学习、演练和提前准备，经过长期的运用，销售员是可以把结构化、数据化的表达演化为自身习惯的，因为一件事情坚持久了就会变成习惯，甚至是一种本能。

四、用第三方见证给客户吃一颗定心丸

在销售工作中，自卖自夸是一种必然，但是，客户一定会觉得这不够客观。此时，怎样跟客户共情呢？其实最客观的评价一定来自第三方，于是第三方见证就成了最好的办法。销售员说得再天花乱坠也不如拿出事实来验证，因为客户更愿意相信自己看到的事实，而不是听销售员的夸夸其谈。第三方见证有很多方式，销售员一定要充分地利用。

老客户见证，即让消费过的老客户来现场做分享，客户带来的好

评比销售员的自夸可信度要高很多。这种方式多用在推广活动上，如果条件允许，面对单独的客户效果也是很好的。

图片视频见证，在跟客户交流的时候，要主动出示相关的图片视频来辅助说明，人是视觉动物，对图像的感觉比语言和文字要直接太多。再生动的语言文字描述也不如现场的图片、视频来得真切，还有那些前后对比的图片、视频都具有巨大的说服力。

新闻见证，人们对新闻媒体有较强的信任感，销售员应该主动收集相关的新闻报道，在与客户交流的时候，可以成为最有力的工具。

名人背书，很多企业都请名人做代言，其实就是为了名人背书。就是利用名人的知名度，作为第三方见证。

专家背书，专家在自己的专业领域是极具权威的，专家的背书能够大幅提升客户的信任感，专家的意见往往被客户认为是专业且客观的。

最后是销售员个人的背书，这也算第三方见证吗？如果销售员使用过自己销售的产品，那么销售员也是消费者，也有资格评价。有时甚至效果会更好，比如，销售员说：“我们的产品就是好，您看我自己也在用呀！”销售员的现身说法给客户的感觉是真实的，是很容易博取信任的。

给客户展示第三方见证，一定要做好准备，针对客户的职业、年龄、行业、特点和禁忌做好分类，针对不同的客户使用不同的资料才会见效。

案例

客户：某销售型公司

基本情况：销售员群体缺乏真实有效的第三方见证资料，

建立第三方见证资料库后，销售员可以随时调取最新的第三方见证资料，对销售工作助力极大。

在调研中发现该公司的销售员群体在第三方见证这件事上不够重视，公司在这方面也没有足够的支持，这也是该公司销售业绩不佳的诸多原因之一。后来，我们帮助该公司建立了第三方见证资料库，并培训了销售员的使用技巧。销售员普遍感觉受益匪浅，再加上多角度的综合改善，三个月后，该公司的销售业绩有了很大的提高。

第二章

共情，建立客户信任关系

销售工作的目标就是让客户买单。无论是客户的消费过程，还是销售员的销售过程，第一步都是双方接触。在与客户的接触中，尤其是初期接触中，销售员能不能取得客户的信任，是销售工作成败的决定性因素。好的开始是成功的一半，而坏的开始会让销售工作一路坎坷，甚至半途夭折。通常销售员为了获取客户的信任会做很多努力，但是这些努力却常常不能奏效。因为客户是个性不同的人，有效的办法是销售员对客户进行个性化的研究，尽可能从一开始就拿出针对性的销售方案，做到与客户共情，从而建立与客户的信任关系，让销售工作稳步走向成功。

第一节 客户全息画像法：准确分析评判客户的价值

想要与客户共情就必须对客户有一定的了解，了解得越充分，越容易做到共情。客户全息画像是指通过收集客户的基本情况、购买力、消费习惯、亲属关系、人际关系以及社会地位等各个维度的信息和数据进行分析，挖掘客户的潜在价值。在销售工作中，通过客户画像建立与目标客户的联系，能够更好地与客户达成共情。同时，客户会选哪个产品应该是一个动态的存在，销售员要不断地获取客户的信息以丰富客户画像的素材，提升客户画像的精准度。下文有两个案例，关于钱先生和吴先生，通过一系列客户全息画像，相信大家一定能够把这两个客户看得明白通透。

一、客户的基本情况是客户画像的底色

客户的基本情况是指客户的最基本信息，通常包括出生日期、性别、教育背景、工作单位与职务以及健康状况等。这些信息看似平常，但却很有价值。相信每个销售员都会主动去掌握客户的这些最基本信息，但大家是否真正地把这些信息盘活了呢？

客户的籍贯注意没有？也许能攀上老乡呢？不同地方的人有不同的特色，与之交往时要注意。比如，请客户吃饭要考虑口味，要知道南甜、北咸、东辣、西酸。

有没有关注到客户的生日？在客户的生日有所表示，发送祝福信息还是送一个生日礼物？有没有关注到客户出生的年代，客户都经历过什么历史阶段，对客户会有什么样的影响？有哪些可以共情的因素？比如，某个客户于 1945 年出生，那么，他大概率会赶上“上山下乡”，那会是他最深刻的记忆，而销售员是否要在跟客户见面之前做一下功课呢？这样是不是与客户交流的话题又多了一些，共情的机会也多了一些呢？

性别也是很重要的信息，比如，要送礼物，那么，男性、女性分别适合什么礼物？男性、女性会有什么不同爱好？性别跟年龄通常要放在一起考虑，这些方面一定要提前做好功课。

在跟客户的交往中，客户的教育背景决定着品位，也许有些客户觉得很有意思的事情，销售员是非常嫌弃的。也许某些客户喜欢的事情，销售员根本无法理解。但投其所好是必需的，销售员必须抱着包容和探索的心态研究客户、理解客户。

客户的职位也应该格外地关注，有没有升职的需求？有没有职业的危机？客户的工作单位是客户的社会属性，不同行业、不同级别的人有着不同的心态，个体、民企、外企、国企、公务员不一样，基层、中层、高层也不一样。销售员必须做到随时切换频道，时时与不同的客户达成同频沟通。

家庭住址的价值也很大，比如，住宅的地段如何？房价如何？房子是租的还是买的？通过这些信息能从侧面判断客户的财力、品位和价值观。

最后是健康状况和病史，这是一个非常重要的信息。一方面，健康状况会很严重地影响一个人的心态，健康的人往往是自信的，而不健康的人经常会在心态上受到一些影响，有时候难免消极。销售员在与客户的接触过程中应该提前注意，并且尽可能地给予包容和开导。

另一方面，客户的健康问题也是销售员的机会，如果能够为客户解决健康问题，客户一定会心存感激的。

案例

客户：钱先生

基本情况	内容	备注
籍贯	四川	喜欢吃辣
出生年月	1980 年	44 岁
性别	男	开始中老年爱好
教育背景	硕士学历　生物工程专业	理工男　严谨　不浪漫
工作单位与职务	北京某外企高管	受外企风格的影响
家庭住址	二环高价租房	个性超强　理念与众不同
健康状况　病史	基本健康　神经衰弱影响睡眠质量	可否提供帮助治疗、偏方

如果要去拜访钱先生，销售员要提前做什么功课呢？首先钱先生是四川人，即使是走南闯北，也是无辣不欢吧？1980 年出生，就是 44 岁，已经开始有中老年的爱好了，比如，手串、钓鱼、旅游、摄影等。硕士学历、理工男，应该是相对严谨，缺乏浪漫吧？外企高管应该受到企业文化的影响，拥有高薪却不在北京买房，这绝对属于特立独行，性格独立的人不容易受外界影响。神经衰弱代表睡眠不好，这方面可以找机会提供治疗、偏方等。

案例

客户：吴先生

基本情况	内容	备注
籍贯	天津	幽默
出生年月	1988 年	36 岁
性别	男	传统意识较强
教育背景	大学本科　财务专业	财务知识　对钱敏感
工作单位与职务	天津某国企会计	受国企风格的影响
家庭住址	河西区核心地段某中档小区	符合大众思维
健康状况　病史	基本健康　有颈椎病	可否提供帮助治疗、偏方

吴先生是天津本地人，大概率具备天津本地人的特色，就是比较幽默且很容易满足。1988 年出生，36 岁，天津人一般传统意识比较强。有财务背景的人会对钱比较敏感，在国企的背景下更容易走大众思路，通常不喜欢创新或与众不同。

二、客户的购买力是客户价值的最主要指标

客户的购买力是指客户顺利完成购买行为所必需的能力总和。简单来说就是客户买得起吗？客户的购买力是销售成交的必要条件，即便是贷款消费，也需要客户具备某些资格。销售员在与客户的接触中，要尽快地通过各种信息判断出客户是否达到与自己交易的基本条件，从而做出对该客户投入多少精力的判断。销售员应该时时关注自己的时间成本，时间就是金钱，销售员的时间是有限的，不能浪费在低价值的客户身上。

关于客户的购买力，销售员需要关注很多指标，也许无法马上确定客户的具体情况，但是要有追寻这些信息的意识。起初可以是预估，然后要尽快把这些信息落实，因为这严重地关系到销售的产出。

购买力最直接的指标就是有多少钱，这个“钱”是指客户可支配的资金。比如，一些客户看上去很有钱，其实只是资产巨大，没准已经债台高筑，这种客户往往拿不出多少钱来消费，也就是说，他的购买力并不高。所谓现金为王就是这个道理，在客户消费的时候，我们经常遇见大老板不如拆迁户、企业高管不如退休老太太的情况。因为大老板和企业高管一般都有不少资产占压资金且有欠款或贷款要还。

日常收入的来源是另一个比较直观的指标，销售员从这个指标很容易判断出客户收入的多少，同时对于客户收入的稳定性也是一目了然。比如，体制外的人，如果收入高，稳定性必然差；体制内的人虽然收入不高，但稳定且福利保障到位。又如，拆迁户大部分是坐吃山空的，因为原本就没有什么挣钱的本事；炒股票的散户收入注定是不稳定的，所以不要太指望未来，因为未来实在是无法预知。

目前，房产依然是家庭的最大资产。客户的房产一般都是几十年间购买的，虽然房产很可能有贷款没还完，但是依然能够证明客户的经济实力和消费意识如何。

除了房产，客户还可能有其他资产，最常见的就是汽车，虽说汽车越来越便宜且并不能保值，但仍然是很重要的资产。其他资产还包括贵金属、古董、艺术品等。销售员对客户的情况了解得越多，对客户的销售工作就越精准、越有效。

客户的投资情况如何？股票、基金、保险、理财产品有多少？或者客户在其他什么项目上有投资？这些投资的收益如何？是否套牢？是否被骗过？这些信息一方面可以看出客户的投资习惯，另一方面可以判断客户目前消费可能性的大小。

债务是客户消费的最大敌人，有钱不还债，还拿去消费？这是最基本的逻辑。除非销售员能证明这些消费是为了更好地还债，比如，为了挣钱购买生产资料和工具，为了挣钱还债而去投资。

最后是消费决策人的问题，有时候客户本人不一定是决策人。一个家庭中，无论男人做主还是女人做主都是很正常的事。那么就某个客户而言，在消费中，到底是他自己做主还是家里的女主人做主？如果不搞清楚这个问题，那么销售员很可能与客户接触很久都是白忙活。

案例

客户：钱先生

购买力情况	内容	备注
可支配资金	150 万元	60% 用来消费
日常收入	外企　总监　年薪 100 万元　无其他收入	收入稳定性尚可
房产	无房产　北京二环租房　房租 2 万元 / 月	特立独行的价值观
其他资产	京牌路虎汽车一辆	汽车在降价　也会贬值
投资	大额保险　养老社区	关注未来　消费意识前卫
债务	无	没有举债消费　稳健型
决策人	本人	本人决策　无后顾之忧

钱先生，年薪 100 万元，没有买房，但是每年拿出二三十万元租房，这个价钱在北京二环也应该可以租到条件还不错的房子，可见钱先生属于特立独行的性格，且对自己的生活质量要求较高。关于投资，钱先生非常趋向保障型产品，也没有借贷等举债消费的情况，说明他对于风险的规避意识还是很强的。最后，钱先生本人就是决策者，加之独立的思想状态应该不会受其他意见的影响。

案例

客户：吴先生

购买力情况	内容	备注
可支配资金	50 万元	60% 用来消费
日常收入	国企 会计 年薪 10 万元 无其他收入	收入一般但稳定性好
房产	天津市河西区核心地段中档小区 100 平方米住房	符合大众价值观
其他资产	津牌中档日系汽车一辆	汽车在降价 也会贬值
投资	重疾险	关注健康风险
债务	房产贷款月供 6000 元	还款压力尚可
决策人	妻子	本人没有决策权

吴先生除了工资没有其他收入，对于健康还是有所关注，毕竟买了重疾保险。不过他年薪 10 万元，每月却要还房贷 6000 元，那工资也就所剩无几了，所以，汽车会选中档日系车。如果家里有额外的花销就得看妻子的收入，所以，妻子是决策人也就不奇怪了。不过房子还是不错的，位置很好，也比较保值。

三、客户的消费习惯提供了销售工作的切入点

客户的消费习惯是指客户在长期消费行为中形成的对某些产品的偏好，是客户在日常消费生活中积累形成的某种较为固定化的消费行为模式。比如，客户出于某种需要、动机、情感、经验或心理偏好等原因必须消费某种品牌的商品，根本不会挑选或与其他品牌进行比较。消费习惯包含客户的所有消费层面，销售员了解得越多，数据越

丰富，对客户的判断就越精准。

关于服装，客户的偏好代表着性格，喜欢穿正装还是休闲装？服装颜色偏好深色还是浅色？喜欢大众品牌还是小众品牌？喜欢正装的客户大概率是在乎规矩的，喜欢休闲装的客户多是随性之人。喜欢深颜色的客户一般比较持重，喜欢浅颜色的客户通常比较开朗。喜欢大众品牌的客户选择上会从众，喜欢小众品牌的客户更加在乎个性。

对于饮食，客户的喜好也很重要。聚餐是很高效的社交方式，能够吃到一起，往往就能聊到一起。要搞定客户这个人，最好先搞定客户的胃。

住宅，在基本情况里已经提到过，重点是看住宅的品牌和风格。比如，在价格相近的情况下，选择住市区大平层的客户和选择住郊区别墅的客户在心态上是完全不一样的。即便是同一地段的住宅也分高、中、低档，问问物业费，客户的实力、品位就可以一目了然。

出行的方式，飞机？高铁？火车？大巴？客户必须在效率和价钱之间做出选择，越快越贵、越慢越便宜。不管客户嘴上说什么，客户的选择才是最真实的状态。坐飞机有专门盯着打折机票，只要便宜就好的客户；也有不考虑价格，必须坐头等舱，或者非某航空公司不坐的客户。

奢侈品是性价比最低的东西，品牌价值远大于商品的使用价值。对于普通人来说，通常会觉得奢侈品与己无关；对于经济实力强大的客户来说，奢侈品却可以满足其虚荣心，可以彰显其财富地位，他们尤其会对某些品牌情有独钟。经济实力强大的客户不一定喜欢奢侈品，但大量消费奢侈品的客户一定是经济实力强大的人。

化妆品不是女人的专属，男人也在用，而且高、中、低档都有，高档的男用化妆品也很昂贵。所以，化妆品的价格、品牌都显示着客户的消费水准和品位。客户对容貌修饰的重视程度也与客户的工作和生活环境息息相关。

运动健身不再只是为了强身健体，而是时尚行为。跑步、骑行、健身、羽毛球等，不同人有不同的选择。同时，各种不同的项目还有相关的服装和装备消费，这些无不体现出客户的消费习惯。

医疗保健是对客户的消费能力和消费意识的双重标注，有的人从来不体检，有的人跟随企业安排定期体检，有的人自己安排定期体检，有的人自己安排定期高端体检，对于这几种情况，相信任何一个销售员都会有自己的判断。生病住院的消费也有很多等级，六人间、四人间、两人间、单间以及高级单间；医保药、自费国产药、自费进口药；每种选择都是购买力的标志。或者是花同样的钱，偏好某个机构、医院、产品、医生或者偏好某个保险公司的医疗、重疾保险产品等。

消费习惯有两个维度：一个是高低之分，背后的根本因素是消费能力；另一个是在同一个价位上的偏好之分。

案例

客户：钱先生

消费习惯	内容	备注
服装	休闲　户外运动服装为主（外资品牌）	追求自由
饮食	川菜为主　西餐为辅	乡情深厚
住宅	北京二环租房	特立独行
出行	远途飞机　近途自驾	追求速度、自由
奢侈品	手表（5万元）　自行车（10万元）	比较简单　不爱慕虚荣
化妆品	中档男士护肤品　名牌电动剃须刀	普通消费　不算重视
运动健身	自行车骑行　每周一次（50千米）	比较专注
医疗保健	定期自费高端体检、医疗重疾商业保险（均为国外公司）	很重视　偏好外资

从钱先生的消费习惯能够看出他的很多特点，不喜欢正装说明不喜欢束缚，追求自由。虽然也吃西餐，但还是以家乡菜为主，说明乡情深厚。有钱不买房而是租房，说明特立独行。出行选择飞机而不选择高铁是追求速度和效率，近途选择自驾是为了自由。以百万年薪的收入为前提，客户对于奢侈品、化妆品及运动健身方面，基本上没有什么可观的消费，而且比较单一。对于医疗保健，钱先生是十分重视的，外企每年都有体检，但他还是自费进行高端体检。而且钱先生在医保之外自行购买了医疗重疾商业保险。还应该看到，在医疗保健的消费中钱先生的偏好是外资机构和企业。

案例

客户：吴先生

消费习惯	内容	备注
服装	正装　企业工装　无所谓品牌	追求安全　节省
饮食	天津本地餐饮	深受本地文化影响
住宅	天津市河西区核心地段中档小区 100 平方米住房	符合大众价值观
出行	较少出远门　高铁为主	追求价格
奢侈品	无	无条件
化妆品	大宝　杂牌剃须刀	低端消费
运动健身	无（加班较多）	无条件
医疗保健	企业安排定期体检、重疾商业保险	有基本的健康安全意识

吴先生的消费习惯充分说明了他的生存状态，吃住行，除了住房还可以，其他的就尽可能地节省。他的底线就是基本的健康，所以买了重疾险，这几乎是他唯一的大宗消费了。

四、客户的亲属关系会影响客户的消费行为

亲属关系是指基于婚姻、血缘和法律而形成的社会关系。包括夫妻、父母、子女、兄弟姐妹、祖父母和外祖父母、孙子女和外孙子女、儿媳和公婆、女婿和岳父母等。客户的亲属人群一方面会影响客户的很多决策，另一方面又可能产生很多消费机会。

客户的婚姻状况对于消费会有很大的影响，结过几次婚，就有过几个家庭，就会多出来很多的亲人，因而会受更多的影响。客户的配偶是对客户影响最大的人，夫妻之间虽说是有商有量，但总有一个是做主的人，即家庭的决策者。有些客户是大家庭，决策者也可能是某个长辈，夫妻双方的父母都有可能具有足够的权威。还有些客户年老力衰又无财力，家庭的决策者就是子女。谁是家庭的决策者是由实力决定的，社会地位和收入是主要因素，通常决策者会考虑到家庭成员的综合利益，打虎亲兄弟，上阵父子兵。亲人之间，血浓于水，互相帮助是血脉里本能的选择。

案例

客户：钱先生

亲属关系	内容	备注
婚姻状况	已婚　无其他婚史	大学同学　婚姻状况稳定
配偶	×××	网络作家　知名度一般　收入不稳定
父亲	×××	四川　某大学　退休教授
母亲	×××	四川　某国企　退休　职工
公公或岳父	×××	湖北　某银行支行长　退休
婆婆或岳母	×××	湖北　退休公务员
祖父母	—	—

续表

亲属关系	内容	备注
子女	女儿	四川　成都某中学就读
兄弟或姐妹	—	—
其他亲人	×××	小舅　北京　公务员

钱先生的亲属关系很简单，夫妻双方均为独生子女。父母远在南方，收入稳定，孩子由爷爷奶奶带。夫妻是同学关系，感情基础比较牢固，钱先生能够包容妻子收入不稳定，妻子能够接受租房，钱先生作为家庭收入主要来源的同时也拥有决策权。钱先生夫妻没有把孩子带在身边，说明他们非传统家庭，主张独立自主。钱先生的小舅就是其母亲的弟弟，在北京体制内工作，作为在北京唯一的亲人，应该会成为钱先生一定的情感依赖。

案例

客户：吴先生

亲属关系	内容	备注
婚姻状况	已婚　无其他婚史	中学同学　婚姻状况稳定
配偶	×××	民营企业　中层经理　年薪 30 万元
父亲	×××	天津市某区农民
母亲	×××	天津市某区农民
公公或岳父	×××	天津市某区公务员　退休
婆婆或岳母	×××	天津市某区公务员　退休
祖父母	—	—
子女	儿子	天津河西区某小学就读
兄弟或姐妹	—	—
其他亲人	×××	妻子叔叔　深圳　私企老板

从吴先生的原生家庭背景可以看出，吴先生原生家庭的经济条件和社会资源比妻子的原生家庭要差很多。妻子的收入也比吴先生高很多，30 万元的年薪是吴先生收入的 3 倍。而且妻子的叔叔还是个私营企业的老板，估计妻子的父母还有很多人际关系资源。在这种情况下，妻子做主是肯定的。

五、客户的社会地位与人际关系可能提供新的客户资源

社会地位是指一个人在社会生活中所处的位置、所起的作用及其对社会的贡献，客户的社会地位和人际关系也是客户综合面貌的一部分，通常包括工作与非工作两个领域。

案例

客户：钱先生

社会地位与人际关系	内容	备注
工作单位与职位	外企　总监　专业技术首屈一指	信任感强
社会兼职及荣誉	白领骑行俱乐部组织者　会员 300 余人	号召力强
	大学母校特聘就业指导老师	有爱心
高商业价值人际关系	工作单位的高管及同事	重点开发
	骑行俱乐部的白领会员	主动开发
	学弟、学妹每年毕业数千人	择优开发

钱先生的社会关系也很简单：一是工作单位和职位，二是爱好相关的骑行团体，三是母校就业指导的公益活动。这三个方向的社会关系显示出钱先生的综合能力，技术高超则在同事中拥有更高的信任度；组织 300 余人的骑行团队则说明有一定的号召力；回母校做就业

指导是没有什么报酬的，说明有爱心。钱先生三个方向的人际关系都有一定的商业开发价值，销售员可以逐步开发。

案例

客户：吴先生

社会地位与人际关系	内容	备注
工作单位与职位	某国企　会计　专业技术合格	能力一般
社会兼职及荣誉	无	无
	无	无
高商业价值人际关系	无	无

吴先生是个普通男人，读过书，工作也还可以。如果不算家庭条件，刚结婚时夫妻双方的职业起点是差不多的，但是他全力以赴还是赶不上妻子的发展。这也没什么，只不过大部分的决策都得听他妻子的。那么，有什么消费的事就跟吴先生的妻子聊吧。

总之，最不能接受的就是销售员跟客户见了很多次，对客户还什么都不了解。这只能说明销售员与客户之间还只是面熟而已。以上内容是一名销售员需要在与客户的交往中不断探求的问题，有备而来的销售员会在与客户接触时持续地完善答案。只有这样，销售员才能够更了解客户，与客户的共情才会有基础。

第二节　客户情绪复制法：瞬间拉近与陌生客户的心理距离

与客户共情最好的方法就是情绪复制，情绪复制即与客户达成情绪共鸣。情绪共鸣是指销售员看到客户处于某种情绪状态时，复制客户相同的情绪体验，以达到共情的目的。大家平时走进欢乐的人群，比如参加婚礼，会受到快乐的情绪感染而感到快乐；而走进悲伤的人群时，比如参加葬礼，就会感到压抑、低沉；看电影时也可能会跟着一会儿哭、一会儿笑。只不过这种共鸣是被动的，是不一定会发生的。而销售员在与客户的交流中，要主动地与客户的情绪产生共鸣。想做到与客户共情就要研究客户的情绪，然后复制情绪。

一、解析四种基本情绪类型

情绪一般分为“快乐”“愤怒”“悲哀”“恐惧”四种基本类型，也就是我们常说的喜、怒、哀、惧（见表 2–2–1）。

表 2–2–1 情绪四种基本类型

分级	快乐	愤怒	悲哀	恐惧
1	满意	不悦	失望	担心
2	愉快	气恼	悲愁	害怕
3	喜悦	愤怒	悲哀	惊慌
4	快乐	大怒	悲戚	惧怕
5	大喜	暴怒	悲伤	恐惧
6	狂喜	狂怒	悲痛	恐怖

快乐是指一个人盼望和追求的目的达成后产生的情绪体验，达成的程度决定着快乐的程度。比如，相亲时找到心仪的对象，或者是成功地超额完成了某个工作项目，等等。从销售的角度来看，客户在消费前一定是有预期的，如果成交后达成了自己的预期，客户就会快乐，超出预期就会特别快乐。比如，客户购买的家电产品特别好用，还有意想不到的赠品；或者在饭店吃饭时，不仅菜品美味，服务也是格外地好；抑或是销售员不仅分内的事做得很好，还帮助客户解决了

其他问题。

愤怒是指强烈追求的目的、愿望无法达成或者自己珍视的利益被破坏时产生的情绪体验。比如，被家人欺骗或者自己新买的汽车在停车场被人划伤，抑或在地铁上被诬陷偷窥，等等。从销售的角度来看，客户的预期没有达成，就意味着损失金钱、损失时间、损失机会，还包括感觉到被轻视、被愚弄而损失尊严，此时，愤怒的情绪必然会产生。比如，客户为了参加一个重要的会议，购买了唯一可行的航班机票，航空公司却临时取消了航班，且给不出合理的理由。或者客户购买了健身房的年卡，老板却连夜跑路了。

悲哀是指失去心爱的事物无法挽回或理想、愿望破灭时产生的无可奈何的情绪体验。比如，亲人失去生命或者丢失了最珍贵的物品，抑或因男方拿不出足够的彩礼而分手的情侣，等等。从销售的角度来看，客户一旦在消费中得不到满足，第一情绪就是愤怒，如不能妥善解决，客户就是被坑了。希望破灭，则愤怒的情绪会转为悲哀。比如，客户购买的汽车出现质量问题，采取投诉、大闹，甚至起诉等都无法解决，那么客户最后就会感到悲哀。或者客户房屋装修中因工人玩忽职守而出现安全事故，客户不仅装修烂尾还需要承担伤者的医疗费用，等等。

恐惧是指企图摆脱和逃避某种危险情境而又无能为力时产生的情绪体验。比如，不会游泳且无救生设备的人遇到洪水暴涨，或者不善言辞、社恐的人被要求当众演讲。从销售的角度来看，客户一旦签约往往就会变得被动，如果客户购买的产品的品质及售后服务出现严重问题，客户就不止是愤怒这么简单。因为很可能把客户带入风险的泥潭，此时客户往往是被动且无能为力的。比如，客户购买了保险产品，出了事理赔时却被拒绝，或者贷款买房却遭遇开发商资金链断裂而烂尾，造成无法交房。

情绪的诱因可能是物质方面的，也可能是精神层面的。情绪是生理反应也是心理反应，是客观存在的也是无法克服的。人的情绪需要共鸣，更需要引导。销售员要做的事情就是先共鸣后引导，把客户引向销售成交的方向。

二、解析和复制快乐的情绪体验

快乐是指一个人盼望和追求的目的达到后产生的情绪体验。快乐的情绪从弱到强分为满意、愉快、喜悦、快乐、大喜和狂喜六个层级，而达成这六个级别的情况也是逐渐变化的。

首先根据调研结果解析客户日常的快乐情绪（如图 2-2-1 所示）。

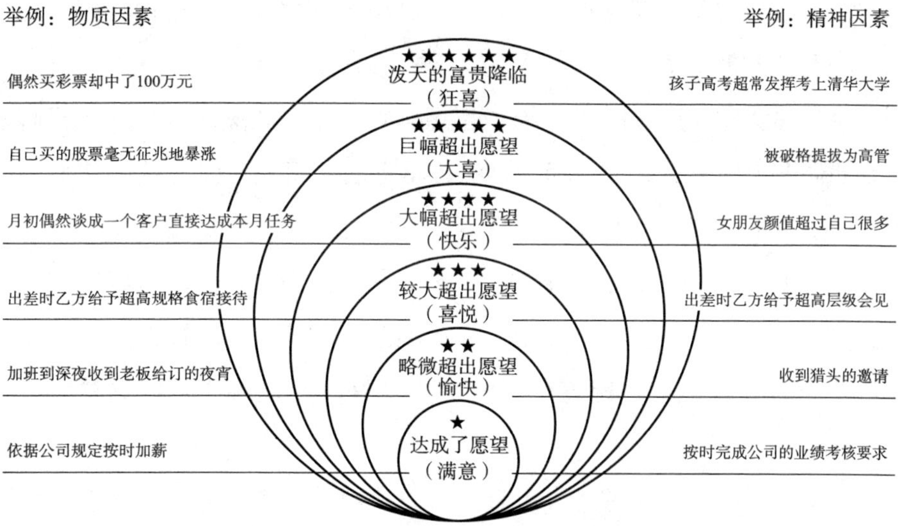

图 2-2-1 客户日常快乐情绪的解析

满意是因为达成了愿望，这个层级快乐指数一颗星。

比如，物质层面，依据公司规定按时加薪。此刻内心独白：既然按时加薪是公司的规定，无论加多少，只要有这个规定就是应该的，还好吧，也没什么值得特别高兴的理由。

精神层面，按时完成公司的业绩考核要求。此刻内心独白：按时完成了任务，值得高兴，但是也没什么值得特别高兴的理由，完不成就是不合格，难道自己合格还要庆祝一下吗？这不是应该的吗？

愉快是因为结果略微超出愿望，这个层级快乐指数两颗星。

比如，物质层面，加班到深夜收到老板给订的夜宵。此刻内心独白：夜宵虽不值几个钱，但是老板有心了，没想到，真挺高兴的。

精神层面，收到猎头的邀请。此刻内心独白：不是高手猎头根本不会理，虽然没想过跳槽，但这也是一种肯定呀！

喜悦是因为结果较大超出愿望，这个层级快乐指数三颗星。

比如，物质层面，出差时乙方给予超高规格食宿接待。此刻内心独白：太重视了，感到很受用，房间、设施都很高级，吃得也好，这次算是赶上好事了。

精神层面，出差时乙方给予超高层级会见。此刻内心独白：没想到他们老板出来见我们，很重视呀，感觉很有面子，很高兴。

快乐是因为结果大幅超出愿望，这个层级快乐指数四颗星。

比如，物质层面，月初偶然谈成一个客户直接达成本月任务。此刻内心独白：太爽了，这个月不用提心吊胆了。再做几单，这个月的收入会暴涨！真没想到运气会这么好，要是每个月都这样就好了，爽！

精神层面，相亲成功，女朋友非常漂亮，颜值超过自己很多。此刻内心独白：她看上我哪里了呢？嘻嘻，这女朋友领出去太有面子了。我怎么这么幸运，一定要对她好。

大喜是因为结果巨幅超出愿望，这个层级快乐指数五颗星。

比如，物质层面，自己买的股票毫无征兆地暴涨。此刻内心独白：哎呀，真没想到，一点兆头都没有，正愁没钱花呢。这都是春节拜财神的结果吧？可是去年也拜了呀。不管了，终于可以大手大脚一回了。

精神层面，被破格提拔为高管。此刻内心独白：老板太有魄力了，还以为没戏呢。不过我技术最好，你们不服不行哟。

狂喜是泼天的富贵降临，这个层级快乐指数六颗星。

比如，物质层面，就是偶然买了一张彩票却中了 100 万元。此刻内心独白：什么？不可能，绝对不可能。可就是中了呀！哈哈哈，辞职，至少先休息一年。

精神层面，孩子学习一般，但高考超常发挥考上清华大学。此刻内心独白：这是真的吗？祖先保佑啊，这得摆酒席，这得好好热闹热闹，马上给亲戚们打电话报喜呀。

然后根据调研结果解析客户在消费中的快乐情绪（如图 2-2-2 所示）。

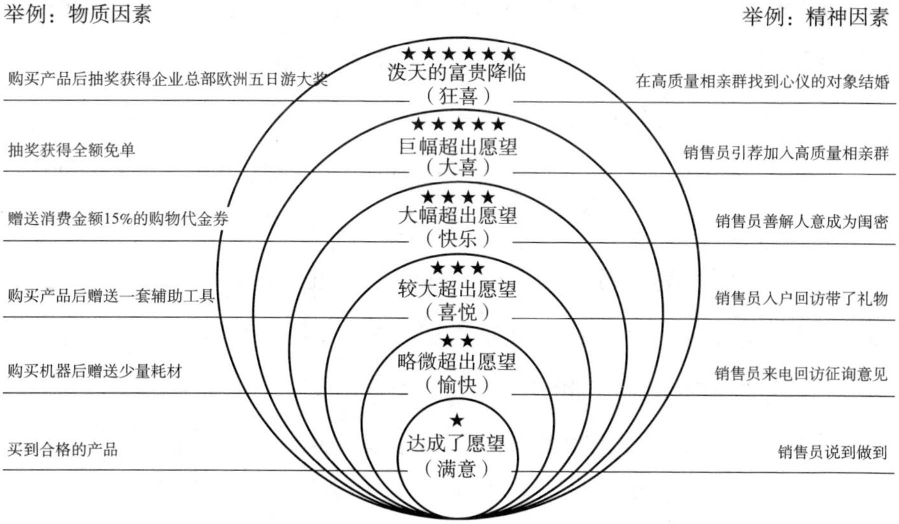

图 2-2-2 客户在消费中快乐情绪的解析

满意是因为达成了愿望，这个层级快乐指数一颗星。

比如，物质层面，买到合格的产品。此刻内心独白：还行，不过产品合格不是应该的吗？没什么值得特别高兴的。

精神层面，销售员能够说到做到。此刻内心独白：守信用是最基本的操守。

愉快是因为结果略微超出愿望，这个层级快乐指数两颗星。

比如，物质层面，购买机器后赠送少量耗材。此刻内心独白：还算懂事，知道想着客户，就是送的耗材少了点，不过比没有强。

精神层面，销售员来电回访征询意见。此刻内心独白：行，还知道打个电话回访一下，感觉有点专业性，这是个正经的公司。

喜悦是因为结果较大超出愿望，这个层级快乐指数三颗星。

比如，物质层面，购买产品后赠送一套辅助工具。此刻内心独白：太好了，省得我买了，也能省不少钱，主要是免得我下单买了，要不还得等好几天。

精神层面，销售员入户回访带了礼物。此刻内心独白：还挺客气，没想到会带礼物，这个销售员是会做生意的。

快乐是因为结果大幅超出愿望，这个层级快乐指数四颗星。

比如，物质层面，赠送消费金额 15% 的购物代金券。此刻内心独白：还真幸运，这都被我抽到了，相当于八五折啊。

精神层面，销售员善解人意成为闺密。此刻内心独白：还真是缘分，难得能说到一块儿去，回头给她介绍几个客户。

大喜是因为结果巨幅超出愿望，这个层级快乐指数五颗星。

比如，物质层面，抽奖获得全额免单。此刻内心独白：免单，这怎么可能？太幸运了，这一下就是几千元呀。

精神层面，销售员引荐加入高质量相亲群。此刻内心独白：太好了，这个群里的人条件都不错，我条件也挺好，可是没熟人引荐还真接触不到呢，太感谢了。

狂喜是泼天的富贵降临，这个层级快乐指数六颗星。

比如，物质层面，购买产品后抽奖获得企业总部欧洲五日游大奖。此刻内心独白：我不是在做梦吧？真不敢相信。欧洲，我来了！

精神层面，在高质量相亲群找到心仪的对象结婚。此刻内心独白：找了这么多年终于如愿以偿。睡觉都会笑醒，太感谢闺密给我引荐相亲群，她是我的贵人，是我的幸福引路人。

三、解析和复制愤怒的情绪体验

愤怒是指强烈追求的目的、愿望无法达成或者自己珍视的利益被破坏时产生的情绪体验。愤怒的情绪从弱到强分别为不悦、气恼、愤怒、大怒、暴怒和狂怒六个层级，而达成这六个级别的情况也是逐渐变化的。

首先根据调研结果解析客户日常的愤怒情绪（如图 2-2-3 所示）。

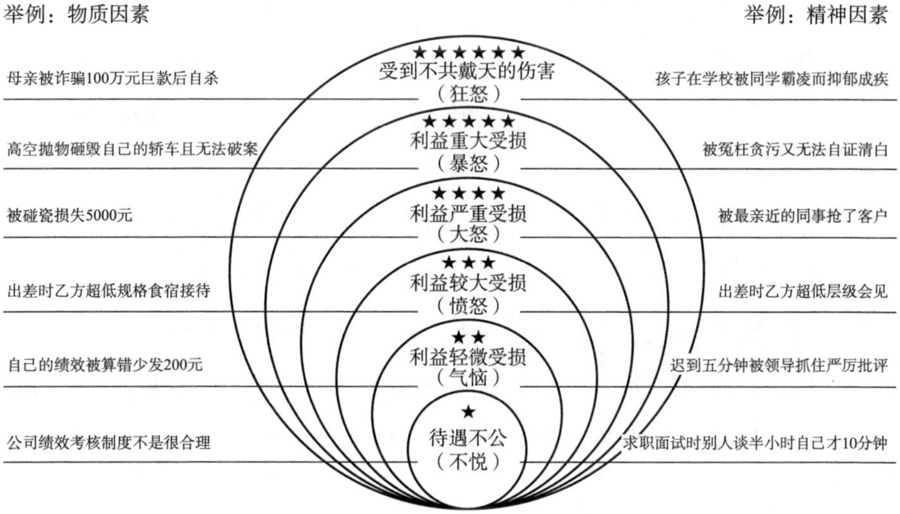

图 2-2-3 客户日常愤怒情绪的解析

不悦往往是因为待遇不公，这个层级愤怒指数一颗星。

比如，物质层面，公司绩效考核制度不是很合理。此刻内心独白：我也知道众口难调，不能说完全不合理，但有些地方确实有问题，可是大家不都这么凑合着吗？就这样吧，大面上过得去就行了。

精神层面，求职面试时别人谈半小时，到自己才给10分钟。此刻内心独白：这公司也太不专业了，就这样面试？做个自我介绍就完了？我这不等于白来一趟吗？太不尊重人了。

气恼是因为利益轻微受损，这个层级愤怒指数两颗星。

比如，物质层面，自己的绩效被算错了，少发200元。此刻内心独白：这得找财务说说，太过分了，怎么不多发我一点钱呢？都是干什么吃的？

精神层面，迟到5分钟被领导抓住严厉批评。此刻内心独白：倒霉呀！怎么就碰上他了，就迟到5分钟，有必要骂得那么狠吗？我来得早的时候怎么没见有人表扬我呢？

愤怒是因为利益较大受损，这个层级愤怒指数三颗星。

比如，物质层面，出差时乙方给予超低规格食宿接待。此刻内心独白：什么破供应商？一点规矩都不懂，看这酒店脏的，设备都是坏的，你们真是不想合作了。

精神层面，出差时乙方给予超低层级会见。此刻内心独白：你什么级别？能做主吗？我们来干什么的？这是不想继续合作的节奏啊！

大怒是因为利益严重受损，这个层级愤怒指数四颗星。

比如，物质层面，被碰瓷损失5000元。此刻内心独白：倒大霉了，真是恶心，怎么有这么坏的人。这也没个监控，也没处说理去，只能认栽了。

精神层面，被最亲近的同事抢了客户。此刻内心独白：真是知人知面不知心，为了这点儿业绩什么都干得出来。别再虚情假意了，以后我也不客气，你会抢，难道我不会？走着瞧！

暴怒是因为利益重大受损，这个层级愤怒指数五颗星。

比如，物质层面，高空抛物砸毁自己的轿车且无法破案。此刻内心独白：这楼里住的都是什么人？报警，我非得找到这人不可！

精神层面，被冤枉贪污又无法自证清白。此刻内心独白：你们找证据吧，谁也别想冤枉我。

狂怒是因为受到不共戴天的伤害，这个层级愤怒指数六颗星。

比如，物质层面，母亲被诈骗 100 万元巨款后自杀。此刻内心独白：你们没有父母吗？不怕遭报应吗？

精神层面，孩子在学校被同学霸凌而抑郁成疾。此刻内心独白：这么小的孩子怎么这么坏？家长也不管！学校也不管！各个层面都不作为。

然后根据调研结果解析客户在消费中的愤怒情绪（如图 2-2-4 所示）。

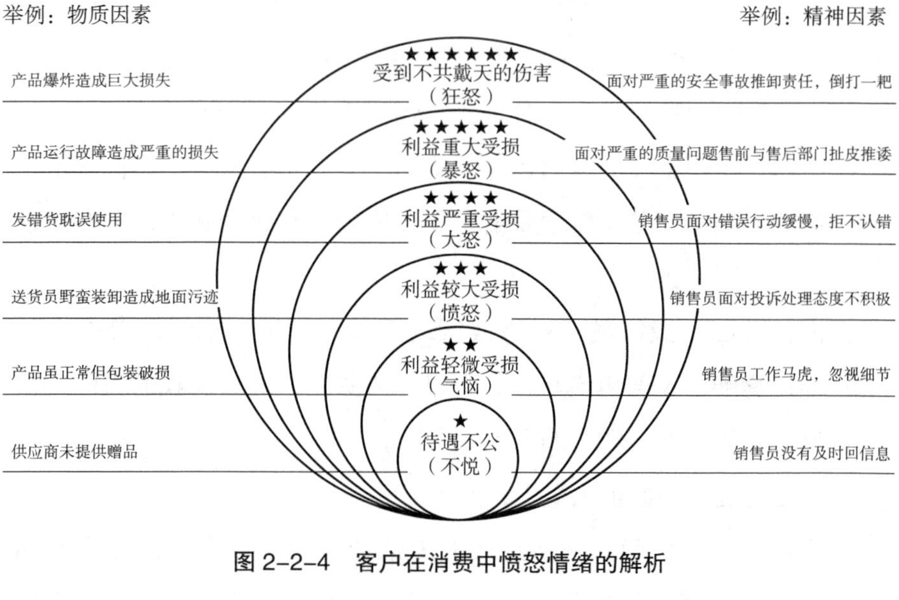

图 2-2-4 客户在消费中愤怒情绪的解析

不悦往往是因为待遇不公，这个层级愤怒指数一颗星。

比如，物质层面，供应商未提供赠品。此刻内心独白：这次怎么没有赠品？之前每次都有呀，是不是忘了？算了吧。

精神层面，销售员没有及时回信息。此刻内心独白：怎么不回信息呢？太忙？再等等吧。

气恼是因为利益轻微受损，这个层级愤怒指数两颗星。

比如，物质层面，产品虽正常但包装破损。此刻内心独白：这物流太烂了，东西没坏也就罢了，要不然跟他们没完。

精神层面，销售员工作马虎，忽视细节。此刻内心独白：怎么就不能让人放心呢，一会儿这儿出错，一会儿那儿出错，下次换人吧！

愤怒是因为利益较大受损，这个层级愤怒指数三颗星。

比如，物质层面，送货员野蛮装卸造成地面污迹。此刻内心独白：你们看看这地面脏成什么样了，会不会干活？这么大面积，你们得给我清理干净再走，要不然我可不给结账！

精神层面，销售员面对投诉处理态度不积极。此刻内心独白：你们这是什么态度？拖着我是吗？把你上级的电话号码给我。

大怒是因为利益严重受损，这个层级愤怒指数四颗星。

比如，物质层面，发错货耽误使用。此刻内心独白：你们都是干什么吃的？发错货了，耽误我的事了，你重新发有个屁用，现在我赔钱了，你负得了责任吗？

精神层面，销售员面对错误行动缓慢，拒不认错。此刻内心独白：你还嘴硬，不要再辩解了，不是你的责任，难道是我的责任吗？别说什么不可抗力，你真的是不想干了。

暴怒是因为利益重大受损，这个层级愤怒指数五颗星。

比如，物质层面，产品运行故障造成严重的损失。此刻内心独白：你这烂机器，把我的材料浪费了，也浪费我的时间了，除了退货，这些你也得赔偿我！

精神层面，面对严重的质量问题售前与售后部门扯皮推诿。此刻内心独白：你们来回踢皮球，玩我呢？我面对的是你们这个企业，不行咱们就曝光吧，网上见。

狂怒是因为受到不共戴天的伤害，这个层级愤怒指数六颗星。

比如，物质层面，产品爆炸造成巨大损失。此刻内心独白：全完了，这次倾家荡产了。这厂家太缺德了，我跟他们没完！真是恨得牙根都痒呀！

精神层面，面对严重的安全事故推卸责任，倒打一耙。此刻内心独白：你们竟然倒打一耙？既然你们是这种态度，那就法庭见吧，你们等着把牢底坐穿吧！

四、解析和复制悲哀的情绪体验

悲哀是指心爱的事物失去或理想和愿望破灭却又无可奈何时产生的情绪体验。悲哀的情绪从弱到强分为失望、悲愁、悲哀、悲戚、悲伤和悲痛六个层级。而达成这六个级别的情况也是逐渐变化的。

首先根据调研结果解析客户日常的悲伤情绪（如图 2-2-5 所示）。

失望是因为小事未成，这个层级悲哀指数一颗星。

比如，物质层面，与朋友相约踢足球但突然下起大雨。此刻内心独白：真是不凑巧，没事儿，别踢球了，改喝酒吧，弟兄们。

精神层面，购买一本绝版书未果。此刻内心独白：还是没有货，再等等吧，也许很快就会买到。

悲愁是因为事未成且重要，这个层级悲哀指数两颗星。

比如，物质层面，高价买到演唱会的假票。此刻内心独白：这该死的票贩子，这么多钱白花了，报案能把钱追回来吗？

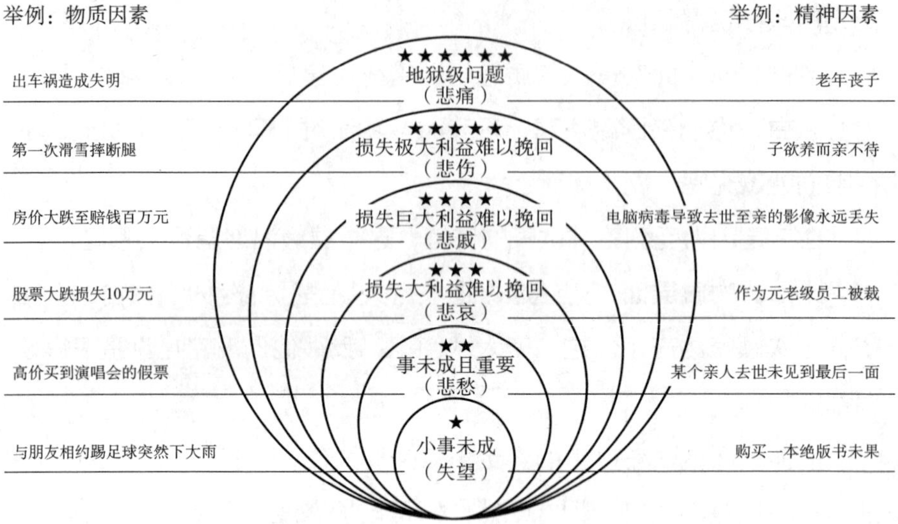

图 2-2-5　客户日常悲哀情绪的解析

精神层面，某个亲人去世未见到最后一面。此刻内心独白：还是来晚了，永别了，安息吧。以后再也见不到了，我也会保重自己的。

悲哀是因为损失大利益难以挽回，这个层级悲哀指数三颗星。

比如，物质层面，股票大跌，致使损失 10 万元。此刻内心独白：这股市真的是凶险，10 万元能买多少东西呀，瞬间就没了，也可能瞬间就有了。唉，等回了本就撤吧。

精神层面，作为元老级员工竟然被裁。此刻内心独白：真是无情无义啊，当年公司不到 10 人的时候就有我，没日没夜地加了多少班。没给我升职也就算了，现在是看我没用了，真是卸磨杀驴呀！

悲戚是因为损失巨大利益难以挽回，这个层级悲哀指数四颗星。

比如，物质层面，房价大跌至赔钱百万元。此刻内心独白：人家买房都是赚钱，到我这就赔钱，真是没那个命呀！这把首付都跌没了，还得按时还贷款，什么时候是个头啊？

精神层面，电脑病毒导致去世至亲的影像永远丢失。此刻内心独白：赶快找专业的人修一下啊，没有别的备份吗？唉，最后一点念想也没有了。

悲伤是损失极大利益难以挽回，这个层级悲哀指数五颗星。

比如，物质层面，第一次滑雪摔断腿。此刻内心独白：倒霉呀，早知道就不来了，以后腿会不会瘸呀，真疼啊，这几个月都不能工作了。

精神层面，子欲养而亲不待。此刻内心独白：今天给父母修整了坟墓，要是他们还活着该多好呀！想起从前真后悔没有多在他们身边尽孝，现在有钱了，他们却不在了。

悲痛是地狱级问题，是极限值，这个层级悲哀指数六颗星。

比如，物质层面，出车祸造成失明。此刻内心独白：以后就什么都看不见了，工作是不可能继续做了，怎么生存呢？更不能养家了，家人还会受拖累，我还有必要活着吗？

精神层面，老年丧子。此刻内心独白：早听说白发人送黑发人，今天体会到了什么是绝望。就慢慢地度过残生吧，真是万念俱灰，太苦了，最好是快点结束。

然后根据调研结果解析客户在消费中的悲哀情绪（如图 2-2-6 所示）。

失望是因为小事未成，这个层级悲哀指数一颗星。

比如，物质层面，送货上门放门口没给送进室内。此刻内心独白：真是多一点儿都不干呀，也行吧，没什么大不了的。

精神层面，销售员未在节日发出问候信息。此刻内心独白：这家伙，买东西的时候那么热情，这会儿没动静了。别的销售员都知道发个节日祝福，哪怕是群发呢。

悲愁是因为事未成且重要，这个层级悲哀指数两颗星。

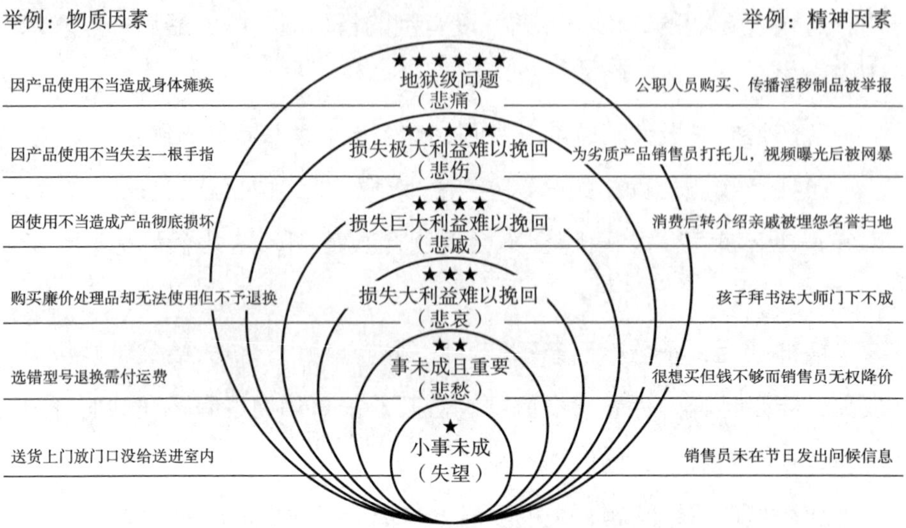

图 2-2-6　客户在消费中悲哀情绪的解析

比如，物质层面，选错型号退换需付运费。此刻内心独白：真是麻烦，怎么没有运费险呢？我也是没注意，那就付运费吧，不换货也不能用啊。什么？运费这么多呀！

精神层面，很想买但钱不够而销售员无权降价。此刻内心独白：这裙子就不能再便宜一点儿吗？真的想买，但真的钱不够。真的不行呀？那只能算了。

悲哀是因为损失大利益并难以挽回，这个层级悲哀指数三颗星。

比如，物质层面，购买廉价处理品却无法使用但不予退换。此刻内心独白：不给退？这不能用啊！便宜是便宜，可是不能用我买它干什么呢？这不是瑕疵，这是废品。废品再便宜也是白扔钱，不是吗？

精神层面，想让孩子拜在书法大师门下不成。此刻内心独白：还是不收，我们加钱也不行，再给说说吧，没有名分也行啊。

悲戚是因为损失巨大利益难以挽回，这个层级悲哀指数四颗星。

比如，物质层面，因使用不当造成产品彻底损坏。此刻内心独白：使用不当？我没干什么呀，这就坏了，这么贵的机器，不给退换？有合同？我自己的责任？这可怎么办？

精神层面，消费后转介绍亲戚购买被埋怨而名誉扫地。此刻内心独白：我用着挺好的呀，我也是好心。我冤枉啊，我可没拿一分钱，怎么都怪我呢？我这是招谁惹谁了？

悲伤是损失极大利益难以挽回，这个层级悲哀指数五颗星。

比如，物质层面，因产品使用不当失去一根手指。此刻内心独白：难道怪我吗？明明是没有保护措施，我不能就这么认倒霉，我这损失也太大了。

精神层面，为劣质产品的销售员打托儿，视频曝光后被网暴。此刻内心独白：我当时就是凑热闹，我就是习惯顺情说好话，哪知道被拍成视频了，这网上、邻居群里都骂我，孩子也埋怨我，我现在没脸见人了。

悲痛是地狱级问题，是极限值，这个层级悲哀指数六颗星。

比如，物质层面，因产品使用不当造成身体瘫痪。此刻内心独白：我真不该买杂牌子的电动车，现在根本没人负责。到底是我的问题还是电动车的问题？上哪儿说理去？以后怎么生活下去呀？

精神层面，公职人员购买、传播淫秽制品被举报。此刻内心独白：完了，全完了。工作没了，名声坏了，人生全毁了。

五、解析和复制恐惧的情绪体验

恐惧是指企图摆脱和逃避某种危险情景而又无力应对时产生的情绪体验。恐惧的情绪从弱到强分为担心、害怕、惊慌、惧怕、恐惧和恐怖六个层级。而达成这六个级别的情况也是逐渐变化的。

首先根据调研结果解析客户日常的恐惧情绪（如图 2-2-7 所示）。

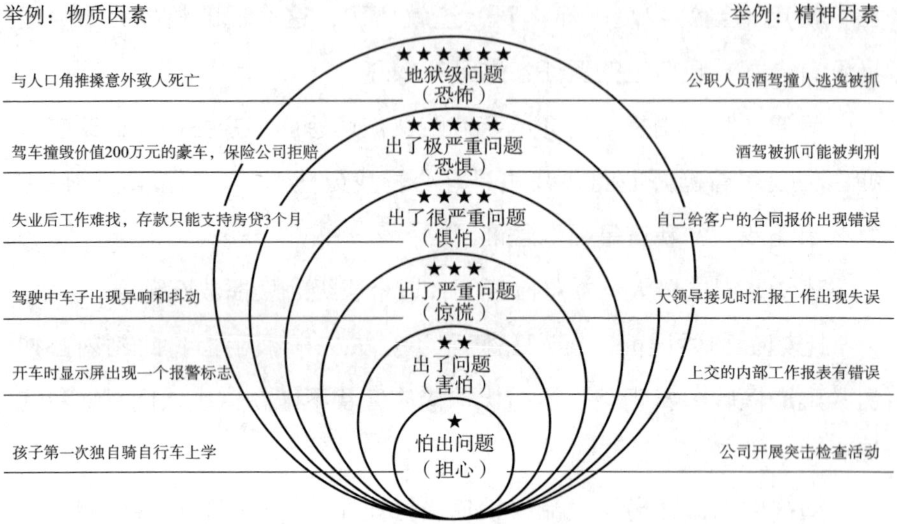

图 2-2-7　客户日常恐惧情绪的解析

担心是怕出问题，这个层级恐惧指数一颗星。

比如，物质层面，孩子第一次独自骑自行车上学。此刻内心独白：孩子个子挺高，可是心智不全啊。三岁就会骑车了，不会有问题吧。万一呢？唉，早晚要面对的。

精神层面，公司开展突击检查活动。此刻内心独白：又检查？应该没问题，我再看看有没有问题，来不及了，检查就检查吧，出了问题再说。

害怕是真的出了问题，这个层级恐惧指数两颗星。

比如，物质层面，开车时显示屏出现一个报警标志。此刻内心独白：这车怎么了？没什么感觉呀，开慢点，靠边打个电话问问。

精神层面，上交的内部工作报表有错误。此刻内心独白：哎哟，这有个错，可是已经报上去了呀。这可怎么办？也不知道领导看了没有？

惊慌是出了严重问题，这个层级恐惧指数三颗星。

比如，物质层面，驾驶中车子出现异响和抖动。此刻内心独白：

坏了，赶快靠边停车。这前不着村后不着店的，先搜搜有没有修车店。天就要黑了，可别把我扔在荒郊野外呀。

精神层面，大领导接见时汇报工作出现失误。此刻内心独白：完了，关键时刻掉链子，部门领导脸色太难看了。一会儿下来主动去检讨吧，还不知道怎么能过关呢。

惧怕是出了很严重问题，这个层级恐惧指数四颗星。

比如，物质层面，失业后工作难找，存款只能支持房贷 3 个月。此刻内心独白：没想到这么难，家人还都不知道呢，账户马上就要清零了。后面该怎么办呢？真不敢想。

精神层面，自己给客户的合同报价出现错误。此刻内心独白：合同客户还没签吧？赶快打电话，要不然就出大事了，谁也负不起这个责任呀。

恐惧是出了极严重问题，这个层级恐惧指数五颗星。

比如，物质层面，驾车撞毁价值200万元的豪车，保险公司拒赔。此刻内心独白：是我全责，可是我买了保险啊，该死的保险公司，他们是尽可能地推脱呀。200 万元？什么破车值那么多钱，都能买一套房子了，我要卖房赔钱吗？那还怎么生活？

精神层面，酒驾被抓可能被判刑。此刻内心独白：真不该心存侥幸，后悔死了，这要是判刑，可就全完了，连孩子都受连累，怎么办？

恐怖是地狱级问题，这个层级恐惧指数六颗星。

比如，物质层面，与人口角推搡意外致人死亡。此刻内心独白：我就推他一下，他先推我的。怎么就死了，我这算过失吧？我没多少钱可赔呀，那得判多少年？

精神层面，公职人员酒驾撞人逃逸被抓。此刻内心独白：一切都完了，真不该酒驾呀，更不该逃逸。当时真蒙了，真是对不起所有的人。

然后根据调研结果解析客户在消费中的恐惧情绪（如图 2-2-8 所示）。

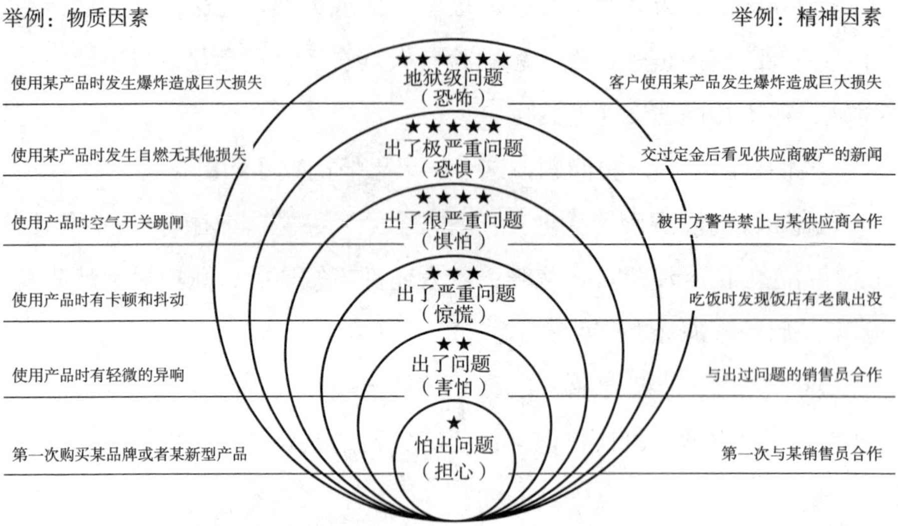

图 2-2-8　客户在消费中恐惧情绪的解析

担心是怕出问题，这个层级恐惧指数一颗星。

比如，物质层面，第一次购买某品牌或者某新型产品。此刻内心独白：试试看吧，希望别出问题，应该没什么大问题吧？

精神层面，第一次与某销售员合作。此刻内心独白：这人看着还算靠谱，希望别出问题，看看吧。

害怕是真的出了问题，这个层级恐惧指数两颗星。

比如，物质层面，使用产品时有轻微的异响。此刻内心独白：这是什么声音？你们都没听见吗？怎么就能断定没事呢？

精神层面，与出过问题的销售员合作。此刻内心独白：怎么又是他？能换一个人吗？这个人不靠谱。

惊慌是出了严重问题，这个层级恐惧指数三颗星。

比如，物质层面，使用产品时有卡顿和抖动。此刻内心独白：赶快停机，看看手册怎么说，要不联系一下厂家吧。

精神层面，吃饭时发现饭店有老鼠出没。此刻内心独白：不能再来这家店了，太恶心了，要不赶快走吧。

惧怕是出了很严重问题，这个层级恐惧指数四颗星。

比如，物质层面，使用产品时空气开关跳闸。此刻内心独白：快停机，马上断电。这机器可能漏电，谁都别碰啊，让维修组来检查一下。

精神层面，被甲方警告禁止与某供应商合作。此刻内心独白：赶快跟甲方解释一下，我们不了解情况，别问那么多为什么，马上执行。

恐惧是出了极严重问题，这个层级恐惧指数五颗星。

比如，物质层面，使用某产品时发生自燃，除了机器并无其他损失。此刻内心独白：赶快把这些同型号的机器都停下来，让厂家过来解决。

精神层面，交过定金后看见供应商破产的新闻。此刻内心独白：坏了，定金肯定是要不回来了。怎么提前一点消息都不知道呢？这笔定金数目可不小，这次可能不是挨批这么简单了，可我也说不清楚呀。

恐怖是地狱级问题，这个层级恐惧指数六颗星。

比如，物质层面，使用某产品时发生爆炸造成巨大损失。此刻内心独白：这可怎么办？先救人吧，损失要让厂家负责，不行就打官司。

精神层面，听说其他客户使用某产品时发生爆炸造成巨大损失。此刻内心独白：赶快去看一下，咱们有多少这家厂商的产品，都停下来，逐个检查。跟厂家联系，让他们解释是怎么回事。

第三节 反向客户求助法：快速把与客户的"冷关系"变成"热关系"

共情式销售侧重建立良好的客户关系，客户关系涉及产品、价格、服务等多种因素，但最主要的还是人的因素。市场上所有的产品都会趋向于同质化，销售工作比拼的内容会越来越趋向于客户关系。优质的客户关系一定是互惠互利且融洽和谐的，客户关系的稳定基于诚信可靠、专业服务和长期价值。客户关系首先是人际关系，人际关系从来都不是从天而降的，必定是经历从生到熟、由远及近的过程。这个过程既充满挑战，也充满机会，销售员的唯一选择就是把自己打造成一名经营人际关系的高手。

一、人际关系是如何从冷变热的

人际关系从冷变热有一个必然的过程，就是从"结识"到"接触"，再到"来往"，之后是"共事"，如果"共事"愉快，那么就会成为"伙伴"，然后成为"好友"甚至"密友"（如图 2-3-1 所示）。

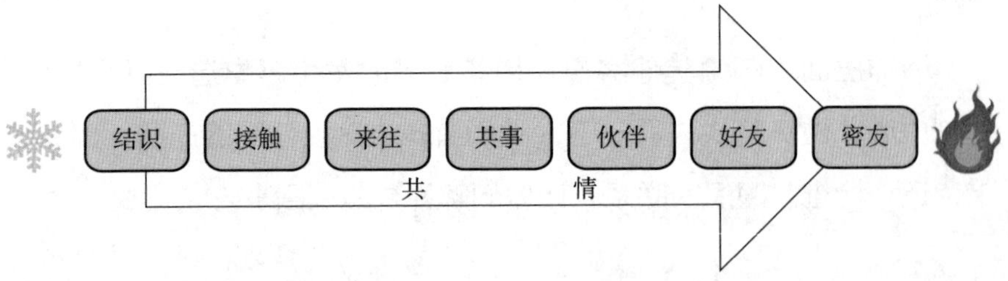

图 2-3-1 人际关系从冷变热过程

在这个过程中，每一步都可能因为某些原因停下来，那么关系就会中断。让关系停滞不前的原因多半是有人做了让对方不满意的事，这种不满意可能是共性化的，也可能是个性化的。共性化的让人不满意是指违背了社会公认的做事方式和原则，比如，欺骗对方，这是罪大恶极的事，肯定不能再交往了，抑或过分贪得无厌，一点蝇头小利都不肯放过，也许是吃相难看或者用无耻的方式获利。这些不是致命的问题，但也很让人厌恶，多半是不愿再与之交往下去的。个性化的让人不满意是指违背了对方的个人习惯和价值观，比如，有的人极度排斥赌博，甚至连打牌之类的游戏都很不喜欢，那么他就会排斥特别爱打牌的人。或者某人对工作和生活的界限分得很清楚，那么下班后还找他谈工作就很让他反感。所以，人际交往是一件探索性的事情，销售员要想成为人际关系的高手，就要走好人际交往的每一步。

人与人结识的机会很可能在无意间获得，而且经常是时间短暂的，那么，第一印象就很重要，所以销售员从形象到语言再到行为都要自我掌控，最好是养成良好的习惯，因为“装”是很累的，是无法长久的。良好的第一印象对后面的接触有很好的促进作用，与客户的接触中，积极、热情、自信是必需的状态，不过千万不要说出或做出违背公序良俗的话或事情。同时，还要在交流中探索对方与众不同的习惯和价值观，并给予一定的尊重。

再次得到对方认可后，就有了来往的可能性，这时就可以主动一些，比如根据对方的兴趣爱好进行邀约。喜欢打球约打球，喜欢钓鱼约钓鱼，喜欢喝酒约喝酒……重点是在接触中搞清楚对方喜欢什么。

如果经过几次来往，大家相处得很融洽，那么就有机会一起共事了，销售员一定要做到不贪、不嗔、不痴。不贪就是给对方应得的利益，要适当地多给一些，不要舍不得。不嗔，是要包容对方，不要斤斤计较。不痴，就是要审时度势，因势利导，不要强求。避免沦落到事没做成，关系也破裂了的境地。

如果共事成功且很愉快，合作次数多了，就有机会成为长期的合作伙伴，然后成为关系亲密的好友，经过长期的相互考验和磨合，以致发展成胜似亲人的亲密关系，成为密友。

案例

销售员：于女士

基本情况：经过长期交往，销售员于女士成为客户李女士的密友，承包客户李女士整个家族50余人的全部保险订单。

于女士是非常懂得人情世故的，她经常会去拜访客户，而且根据客户的具体情况，带一些价格并不贵但品质很好的小礼物。这些小礼物或者很实用或者很新奇，客户很喜欢，每次都留下不错的印象。于女士跟客户李女士结识后，就去拜访她，给30岁的李女士买了鲜花。接触了一段时间两人成为闺密，后来于女士引荐客户李女士进入一个高端相亲群，李女士在这里找到了心仪的男友并顺利结婚。此时于女士已经成为客户李女士的密友，是比家人还要亲的密友。李女士的家族实力雄厚，她又是家族的掌上明珠，于是家族的保险都由于女士来打理。这就是一个人际关系发展的标准案例，虽有一定的偶然性，但是很经典。销售员一定不要嫌弃小事，那只是一个开端，真正优秀的销售员就是从一个小开端不懈努力去逐渐打开大局面的人。

二、人际关系是如何从热变冷的

人际关系从热变冷往往是从一些小事开始的。人际关系难免会出现一些小裂痕，如果不及时进行补救，那么裂痕就会不断变大，关系也会随之变冷，最后沦为仅仅是熟人。此时，再想恢复原来的热度就是一件很难的事情了，甚至已没有机会，还不如去开发新客户容易（如图 2-3-2 所示）。

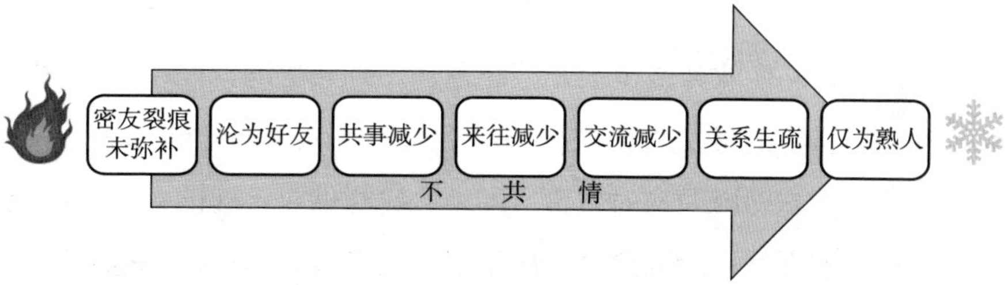

图 2-3-2 人际关系从热变冷过程

既然是密友，一条小裂痕，会不会包容？什么是裂痕？就是有一方觉得对方做事有问题。包容吗？那就要看有没有包容的条件，就是曾经带来过或者未来能带来什么更大的利益，或去衡量值不值得包容。但是，包容未必是件好事，这种包容很可能纵容了这件事，也许提出来，谈清楚还能弥补，但是包容可能让小裂痕越来越多，如此，人际关系终将走向土崩瓦解。

关系疏远的过程就是裂痕未及时修补，然后关系疏远沦为好友，此时很多人并没有意识到问题，之后是共事减少，来往减少，交流也减少。于是关系越来越生疏，最后就变成两个普通的熟人了。

作为销售员，在与客户的交往中，应该以人际关系专家的标准来要求自己，因为客户就是财富的来源。尤其是在感觉到客户的冷淡和疏远的时候，一方面，销售员应该积极地自省，主动反思有没有欠缺的地方；另一方面，可以主动询问客户，自己哪里做得让对方不愉快，态度一定要真诚。如此一来，会及时地发现和修复人际关系的裂痕，避免关系的疏远。

案例

销售员：高先生

基本情况：因各种小事让老客户不愉快，越来越疏远，以致无法挽回。

销售员高先生业务做得很好，在跟客户刘先生的交往中，互生好感，多次合作，最终成为密友，每年春节两家人都在一起相聚庆祝。很多人是关系越熟就越拿对方不当回事，这样做是不对的，其实越是熟人才越应该在意，因为已经付出了很多的沉没成本，一旦搞砸了将损失巨大。举个例子，事情就出在春节聚会上，每次聚会双方都会为对方的孩子准备礼物。但是这一次，客户刘先生像往年一样精心准备了孩子喜欢的礼物，而销售员高先生却忘了准备，于是就从办公室的礼品中拿了一个水杯，这个水杯虽然价值不低，但这明显不是给孩子准备的。原本是一件小事，但这就是问题，刘先生是很爱孩子的，孩子是很敏感的，他盼着礼物，结果得到的是敷衍，自然很不高兴，所以刘先生也会不高兴。刘先生的不高兴是本能，不是经过认真思考后理性的不高兴。但销售员高先生并没有当回事，也没再弥补，事情看似就这样过去了。之后大家见面，还是一切照旧，但这条小小的裂痕还是留下了。直到有一天，客户刘先生对销售员高先生说，咱们的孩子都大了，以后就别互送礼物了，现在买什么也不容易让孩子满意。高先生居然没有听出端倪，欣然应允，殊不知这是刘先生不满的表示。从高先生目前这个迟钝的状态来看，相信裂痕不止这一条。后来，春节的聚会也因此取消了。总之，不知不觉地两人的关系越来越疏远了，直到有一天销售员高先生发现客户刘先生的订单越来越少时，一切都晚了，关系已经很疏远了。那么想要重新来过谈何容易。对待优质的客户，千万不要掉以轻心，无论是刚认识还是很熟，都要认真、细致地对待。有些销售员对待新的优质客户会很上心，但是有时会忽视老客户。销售员怎么敢怠慢老客户呢？通常是因为老客户会因为关系而包容，可这正是隐患所在。

三、运用反向客户求助法，让客户关系快速升温

人际关系是勇敢者的游戏，恐惧社交的人是无法胜任销售工作的。心理学中有一个著名的富兰克林效应，指的是相比被你帮助过的人，那些曾经帮助过你的人会更愿意再帮你一次。对于销售员来说，总是在想自己能够帮助客户做些什么，是不是也可以想想向客户求助呢？（如图 2-3-3 所示）

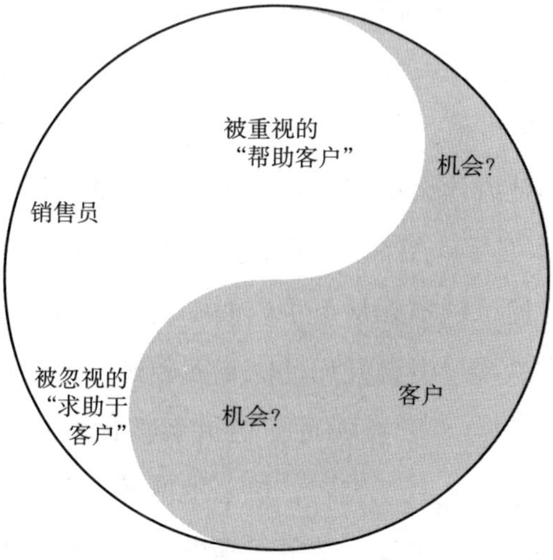

图 2-3-3 反向客户求助法的价值模型

作为销售员，越早与客户达成交往，越有机会产生交易，而这个交往不能全部指望自己能够给客户提供什么帮助。一方面，客户不会告诉销售员他需要什么；另一方面，销售员也不一定能帮得了客户。怎样才能打开局面？其实，更有把握的办法是求客户帮一个忙，什么？上来就请客户帮忙？行吗？怎么不行，能达成就行。首先，求客户帮忙是可以设计的，一定要设计得简单点，就是那种客户举手之劳的小事。比如，找客户咨询一些业务知识等。其次，客户帮助销售员也会有成就感。客户帮助了销售员，销售员应该回报吧？这样来往的机会不就有了吗？

案例

销售员：牛女士

基本情况：某客户是公认的难搞，最后被销售员牛女士拿下，办法竟是向他求助。

销售员牛女士不是那种能说会道、八面玲珑的人，看上去还有点笨拙的感觉，但是她不让人反感，因为她很真诚。这个客户是一位老教授，有自己的专利，经济条件很好。销售员们普遍反映这位老教授性格古怪，跟他说什么都说不到一块儿去，他很高傲，看不起任何人。同时他身体强壮，生活能力很强，也不需要照顾。拜访他的时候，大家都很尴尬，根本无从下手。而牛女士的做法与大家完全不一样，她去拜访老教授，没说几句话就求老教授给她推荐一个家教，因为她弟弟要高考了，需要补物理，这位老教授就是物理学家。没想到冷冰冰的老爷子马上有了笑容，热心地推荐了自己的学生。牛女士再去拜访的时候，买了水果，老爷子居然没有拒绝。对呀，无功不受禄，这有功呀，合理，那就接受。后面的事就顺理成章了，关键是打开了局面，让客户参与了进来。

案例

销售员：袁先生

基本情况：销售员袁先生因请客户帮忙，无心插柳，结交优质客户，业绩飞升。

销售员袁先生原本是要帮助一个老客户，这个老客户遇到了一些职业发展上的困境，想找一位前辈指点迷津。销售员袁先生知道后，联系了另一家企业的某总监，袁先生之前请这位总监吃饭，一直都约不上，总是说没时间。没想到这次一说是去帮忙，竟然爽快地答应了。吃饭聊天很能拉近人与人之间的距离，由于都是同行，所以席间大家聊得很尽兴。老客户觉得受益匪浅，总监也愿意交个新朋友。袁先生获得了老客户的感谢，与某总监的关系也更进了一步。后来，总监建立了一个同行群，让袁先生帮助管理，从此袁先生成为总监的“自己人”，业绩自不必担心了。销售员袁先生只是帮了客户一个忙，他一开始应该没想那么多，可是就这么一步步地走到了现在，那群里得有多少客户呀，真是无心插柳柳成荫了。

四、从一件小事开始，把客户关系做大做强

有不确定因素的地方，就有试错成本，所以，人际关系往往是从一件小事开始的。人际交往中，信任就意味着风险。所以，人际交往都是从小事开始，逐步取得信任的。人与人之间达成来往是验证可否继续交往的基础，信任只能靠一次次的行为来累积。人际交往从小事开始是很科学的，无论是对客户还是销售员都是最划算的方法。因为

小事的成本比较低，即便做得不好，客户的损失也不大，销售员的错误会比较小，也比较容易挽回。销售员不应该痴心妄想地希望见到客户就拿一个大单，那是不现实的。这样不仅达不到业绩，更可怕的是会让销售员进入一种浮躁的状态，从此再也静不下心来。脚踏实地，一步一步地成长，这样的销售员大概率不会被淘汰出局。

当人们刚刚认识的时候，一般都会很客气，然后会彼此试探，当共同经历一件小事之后，就开始给对方贴标签，一种是丢弃，另一种是备选。首次合作出问题是最容易被丢弃的，因为关系很浅，还没有什么沉没成本。如果合作愉快，则会被对方当作备选。有过几次小事的合作后，通常会有机会合作中等大小的事情，然后根据合作的效果定义对方为可信任或信任存疑，这一次双方会比之前包容对方，并不会因为出问题而马上淘汰。就是因为有了一定的关系，有了一些沉没成本。合作几次后，也许会有机会合作一件大事。这样的机会并不多，如果合作得好，就会产生高度信任；但如果出现问题，信任就会崩塌，因为大事的后果很严重，无法包容（如图 2–3–4 所示）。

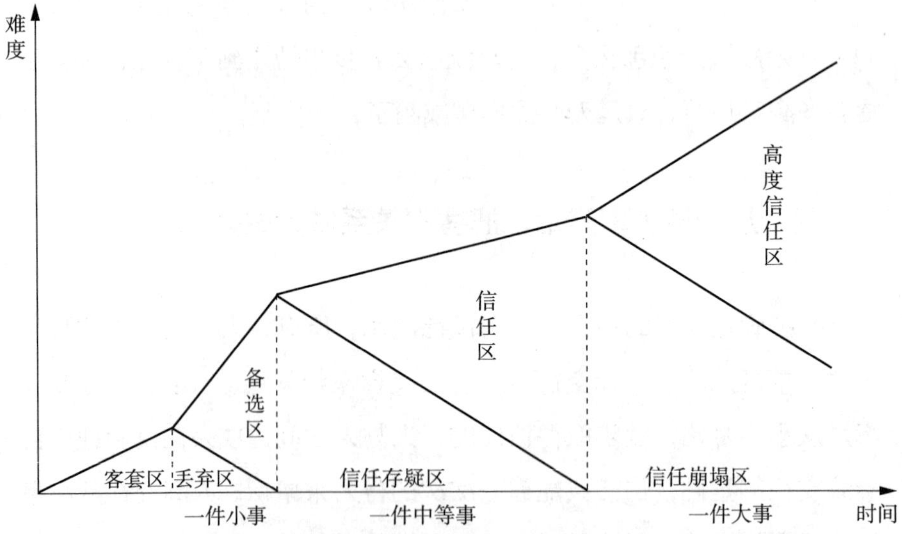

图 2–3–4　信任度提升的过程

从小事开始，小事在哪里？其实就在销售员跟客户相处的点点滴滴，无论是公事还是私事，也无论是业务还是关系，等等。因为客户就是通过点点滴滴的小事来考查销售员，这不是哪个客户故意这么做的，而是人之常情。如果销售员能够真的做到心里有愿望，那么他的眼里就一定能看见机会。

案例

销售员：罗先生

基本情况：销售员罗先生从天津去石家庄拜访客户，客户无意间提到天津的煎饼馃子有名，罗先生再次去拜访时，一早买好煎饼馃子，带到石家庄见客户。客户很感动，中午客户以个人名义与罗先生把酒言欢，于是，关系更近了一步。

认真对待客户无意的一句话，从一件不起眼的小事开始，是销售员赢得客户好感的最好方法之一。客户说到天津的煎饼馃子是下意识的，甚至有些调侃。不过，销售员罗先生很认真，就给带来了。这件事很小，但这样做价值很大。首先是实在，这是很难得的评价。其次是认真，记得客户说的每一句话，无论大小。最后是尊重，把客户当回事。人心都是肉长的，换成谁都会认可和感动。

案例

销售员：黄先生

基本情况：从极小份额开始，逐步成为客户的主要供应商。

销售员黄先生销售的是水泥，他去拜访一位大客户，客户说你应该没有什么机会，我们现在的供应商很有实力，跟我们的合作关系也很好，我们的水泥都是从这家采购的。黄先生对客户说，我建议您不要只选一家的货，因为一旦出了问题会很被动，无论是质量问题还是关系问题。不如给我一个最小的份额，哪怕一吨也可以，一方面是试试我们的质量，另一方面算是一个备胎。而且你们应该让供应商有竞争对手，这样才能让供应商有危机感，进而更认真、更努力。客户经过慎重的思考，也觉得黄先生说的有一些道理，于是就给了他 1% 的份额。黄先生也不嫌弃，好好供货，认真服务。由于质量和服务都很好，客户给黄先生的订货量慢慢增加到了 10%。直到两年后的某一天，客户打来电话要增加订货量到 40%，因为原来那家供应商出了一些质量问题，而且态度也不好。3 年之后，黄先生在这家客户的订货量已达到了 70%。不积跬步无以至千里，不积小流无以成江海，销售员千万不要嫌弃小的进展，所谓日拱一卒，功不唐捐。只要不停地向前，哪怕是进步一点点，都会离成功更近一步。

第四节　客户深度交际法：编织可成长的客户关系网

共情式销售是用心用脑的销售模式，是拥有长期经营意识的销售员首选的销售模式。做销售不能学猎人，猎人的业绩是很不稳定的，运气的成分非常大。运气好收获可能很多，运气不好就会饿肚子，猎人的工作周期是以天来计算的。销售员要学农夫，农夫的业绩是相对稳定的，种多少地、收多少粮是基本有谱的，农夫需要为秋天的收获耕作半年甚至更长时间，他们是有长远打算的，这种培育和等待像极了销售工作。销售员的关系网就相当于农夫的土地，土地需要耕种、浇水施肥，关系网也是需要不断地经营才能成长。春种一粒粟，秋收万颗子，种地是这样，销售也是这样。

一、客户更在乎产品还是销售员

客户消费的是产品，所以当然更在乎产品，但客户首先在乎的还是销售员。绝大部分的消费行为都指向产品的使用价值，即便是为了附加值的消费行为也一样，比如花大价钱买个名牌包包，即便不要求产品材料贵重、做工极致地精良，至少也不能是残次品吧。曾经在市场竞争的初级阶段，大家比拼的就是质量，但是物质极大丰富、产品趋于同质化之后，消费者在不太需要考量使用价值的差别以后，才开始关注品牌等附加值的（如图 2-4-1 所示）。

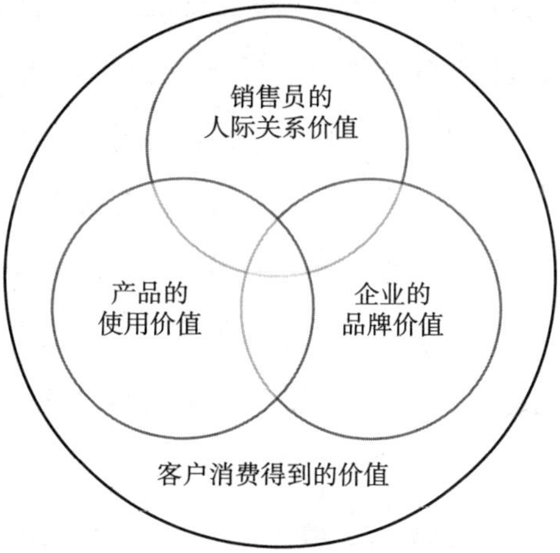

图 2-4-1 消费收益模型

当各种产品的品质变得越来越同质化，品质的优劣越来越不必筛选的时候，消费者的选择也变得越来越难。于是，作为销售员的“你”就变得格外地重要，既然是买哪个都差不多，质量都没问题，客户也就懒得纠结了。随心所欲多好，反正对于大多数消费者来说买哪个都差不多，品牌也没有那么绝对的好恶。于是，看销售员不顺眼就不买，销售员给客户的感觉好就买，什么是感觉好，共情就会感觉好，因为有共鸣，就感觉亲切。所以，客户如何决策就看销售员做得怎么样了。

案例

销售员：梅先生

具体情况：销售员梅先生在销售洗衣机时，言语得罪客户，导致客户的报复行为。

事情发生在电器城洗衣机的卖场，销售员梅先生给一位客户介绍洗衣机，梅先生很专业，介绍得也很详细，这款洗衣机在当时也很先进，还有烘干功能。这个功能很不错，不用等着衣服晾干，可以应急。这时候，那位客户问了一个问题，即这个烘干功能可不可以保证衣服烘干后的平整，会不会有很多褶子，毕竟在洗衣机里空间有限。这位客户还真是很有头脑，这个问题也是很有逻辑性的。这是位很好的客户，因为客户越有参与度，购买的可能性就越大。最不好的客户就是不提问题、不参与，看看就走的那种。就在这时，梅先生做了最不该做的事情，首先是表情管理出了问题，他先是轻蔑地撇嘴笑了一下，仿佛在说，你这小儿科的问题还能难住我？其次他说的话也存在问题，他说，我们的设计师比你聪明得多，早就解决了这个问题，哇啦哇啦说了一大堆。这就犯了最大的忌讳，销售员怎么能贬低客户呢？无论是表情还是言语都不能啊。而且他还充满恶意，再说，客户提出这个问题也没有任何为难销售员的意思呀。客户要消费不能多问问吗？结果出乎意料，那位客户并没有发飙，而是又问了几个问题，然后，客户转身问旁边另一个品牌的销售员，你家的洗衣机有他家这些功能吗？当然有了。那开票吧。那位销售员欣喜若狂地吃下了这个天上掉下来的“馅饼”，然后客户转身离去，留下梅先生站在一旁尴尬地发呆。其实这位客户就是来送钱的，问得越多越可能购买，销售员礼貌的服务到位就可以了。如果优秀一点，还可以在客户问问题的时候，夸对方几句。比如，您这个问题问得很专业呀，等等。跟客户共情这么难吗？企业雇用了这样的销售员也是倒了霉，不仅卖不出去货，更致命的是会不断地得罪消费者，而这些都会记在企业的账上。后来，梅先生受到了批评，不知他会恨那位客户吗？他要是恨自己就还有救，要是恨客户就彻底完蛋了。

二、销售员要做到共情就要学会以客户为中心

“以客户为中心”说起来容易但做起来很难，因为这跟人的本能是相悖的。人的本能就是以自我为中心，客观地说，以客户为中心是不得已而为之。但是不得已不等于可以不用心，因为不用心就做不到。做不到以客户为中心，如何与客户共情？如何与客户深度交往？客户对销售员没好感，甚至厌恶，销售员还怎么从客户身上挣钱呢？所以，以客户为中心不过是与客户共情的基础，是最基本的条件。道理也许谁都能懂，但做起来却千差万别（如图 2-4-2 所示）。

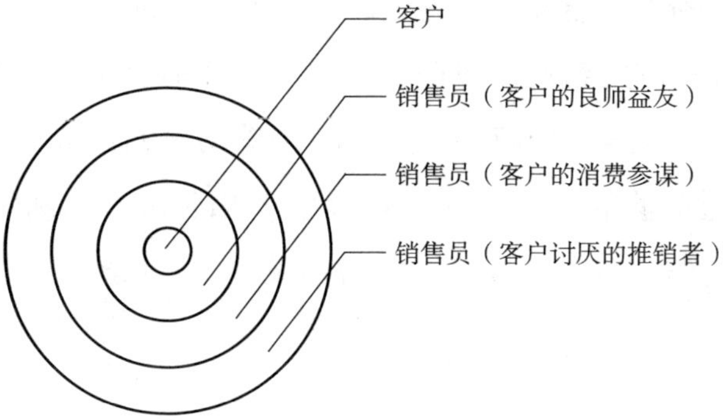

图 2-4-2　以客户为中心的销售员层次模型

最差的销售员是客户讨厌的推销者，就是根本不管客户的状态和想法，直接硬推销。不管客户需不需要，也不给客户说话的机会，一见面就说个不停。大家都知道，这样的效果一定是不好的，但是还真的有不少销售员就这么做。感觉这样的人是误入销售行业的，脑子根本不够用。其实这样的销售员是被培训过的，教过他们要以客户为中心，但他们就是做不到，天生情商不高，又没有可塑性，这样干不了销售。

好一点的销售员是客户的消费参谋。能够跟客户交流，能用产品满足客户的要求，卖吃的知道找肚子饿的人吧？卖水得找口渴的人吧？而不是看见一个人就推销，否则效率何在呢？而且引起客户反感就浪费资源呀。所以，作为一名销售员做到产品跟客户的表面需求基本匹配就算入门了。要成为一名优秀的销售员是需要更加深入理解客户的，这样才能找到客户的潜在需求，否则等着客户马上要使用才买，那销售员不又变成售货机了吗？充分开发客户潜在的需求才能不断扩大销售业绩，客户潜在的需求才是销售员的矿藏，使劲挖吧。

最高级的销售员是客户的良师益友。这时候客户对销售员已经完全接受了，销售员已经成为客户的密友，甚至是导师，他们是创造客户需求的人，能够创造无数让客户心甘情愿消费的机会。销售工作是高级的脑力劳动，热情、努力、执着都很重要，但最重要的是用心。善于交流、情商高的人自然是销售员的首选，但只有这些天分是远远不够的，还需要不断地思考和研究，不断地总结和进步。销售工作不仅是一份高收入的工作，而且是一份高成长性的工作。

案例

销售员：宋先生

基本情况：宋先生是一家化工研究所的创始人，资深专业人士，专业功底深厚，上百项发明专利傍身，业界人脉广大。行业内精英登门求教，络绎不绝。所以，宋先生从来不为销售发愁。

宋先生就是最高级的销售员，是客户的良师益友，无论是专业还是职业发展，宋先生绝对是客户需要仰望的人，这比成为客户的密友更厉害。宋先生还从来都是免费帮助大家，而且有求必应。那么，何以为报呢？于是，订单就从来没有中断过。

三、用深度客户交际法深耕客户资源

在市场背景下，人际关系的底层逻辑是等值交换，态度当然很重要，但是实力是基础。没有实力，态度再好也是枉然。所以，尊重从来都是用实力换来的。那么销售员最应该做的就是开发自己的价值，积攒自己的实力。不要只是痴迷于学习技巧，技巧是有价值的，但是销售员得有实力，否则技巧是没有用的。所谓练武不练功，到头一场空，这个“功”说的就是实力。说到实力，其实就两部分：一个是能力，另一个是资源。能力和资源往往是交织在一起的，是互相助力的。实力具体的表现其实就是办事能力，无论是公事还是私事，懂知识、有技术、人脉广、关系硬就是实力强。

有个词叫“客户忠诚度”，这是很有问题的说法，忠诚具有居高临下的意思，完全是用词不当。后来改为“客户黏度”比较合适。就是指客户对产品、对销售员产生了“依附性”的偏好，这种偏好就是客户黏性。

客户对企业品牌的偏好往往来自企业的宣传，而客户对产品的偏好来自企业的研发、设计和制造。那么客户对于消费体验的偏好就主要是来自销售员了。偏好，偏向一边就是远离另一边。所以，争取客户的偏好是竞争行为，是销售员的专业工作。

那么客户的偏好是怎么产生的呢？这里要搞清楚关于人性的常识，即人是懒惰的或者说人是追求效率的。没有人会愿意花费精力在一些有风险的消费行为上，只要有良好的消费体验渠道，甚至只是合格的消费体验渠道，客户往往都会形成消费依赖。注意，客户产生依赖的原因是体验好，那么，客户为什么不一直寻找更好的体验呢？就因为人是懒惰的，客户是追求效率的。如果某种消费渠道的风险性不大，客户就懒得再去广泛地筛选，这背后是效率的提升。

那么，销售员该怎么做才能增强自己对客户的黏性呢？就是如何让客户产生对自己的偏好？那就是为客户做更多、更具价值的事情，销售员做得越多、越具价值，客户就越依赖。销售员可以在两个方面努力：一是产品，二是跟客户的人际关系。

在产品上发力，就是要把与客户的交易做好，售前、售中、售后每个环节都不能有问题。售前服务是销售员在未与客户接触之前所开展的工作，当今市场产品同质化严重，销售员要深入研究产品的特点，不断找出产品的价值点，主动研究客户的需求，自我演练与客户交流的流程，提前演练各种突发情况的解决方案，总之就是不要输在起跑线上。

售中是销售员与客户进行沟通的阶段，就是大家最关心的销售环节。这个过程是销售工作的关键阶段，是对销售员最真实的考验。

售后是成交以后所提供的各种服务，相对于售前、售中来说，销售员还是要加强售后服务，因为售后服务做得好可以促成重复购买或者转介绍新客户。一旦销售员在售前、售中、售后三个阶段都能提供满意的服务，那么客户黏性就可能产生。然后不断积累，这种黏性就会越来越强（如图 2–4–3 所示）。

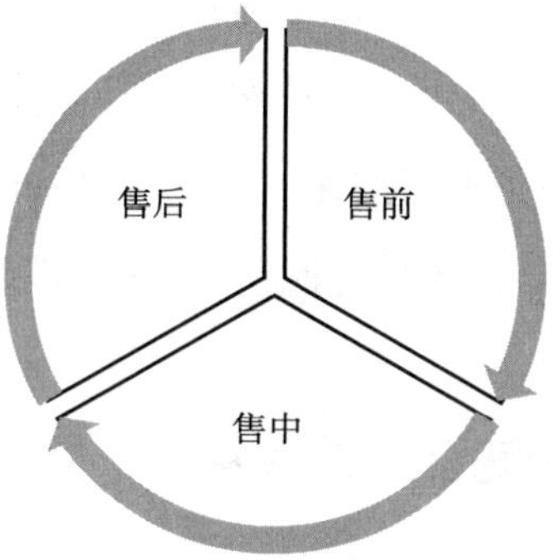

图 2–4–3 完整的销售过程

另外，在人际关系上发力，如果能在业务的基础上，甚至是在业务之外，跟客户发展出优质的人际关系，无论是事务上的帮助还是感情上的交流都会大幅增强客户黏性，但这需要销售员额外的付出以及更多资源的支持。

案例

销售员：梁女士

基本情况：梁女士是一位招聘会展位的销售员，展位这种产品实在没有什么技术含量，也没有什么附加值。最多就是展位位置的优劣，可是位置都是谁先订谁先选的。这是一种很被动的销售项目，也就是等着客户选择，通常销售员想努力都不知从何下手。但梁女士一向都是超额完成任务，而且看上去很轻松。

那么，销售员梁女士是怎样做到的呢？原来梁女士一直在为各企业的单身员工介绍婚恋对象，真是另辟蹊径呀。梁女士说：“招聘会展位真的没什么可以发力的点，有一次，跟客户聊天时，听说公司很多小伙子没有女朋友，我也听说有的公司有很多女孩子没有男朋友，于是我就给牵个线。没想到后来在客户群体里做出了名，还真的促成了好多良缘，证婚人我都当过无数次了。现在我梁阿姨可是很有名的红娘啊，而且我从不收任何费用。那回报是什么呢？招聘会的展位呀，这些公司只要有需求就都是找我定展位，我根本不用操心业绩。”

四、编织可成长的客户关系网

同学讲同学圈子，战友讲战友圈子，朋友讲朋友圈子，一个个独特的“圈子”形成社会的“生态”环境。销售员要努力加入行业内的各种圈子，进入圈子对于销售员来说非常重要。圈子能够提供足够多的机会、资源和人脉。那么怎样才能尽快融入圈子，让自己的关系网扩大呢？

最直接的路径就是行业会议和活动，销售员可以由此跟同行业的人群建立联系，人际关系就是靠人带人、人传人的。还可以加入行业协会和其他的行业组织，参与主题活动和会议可以了解最前沿的行业信息，还可以结交更多的同行。

拜师学艺也是一条不错的路径，如果遇到业内大咖，销售员应该找机会主动建立联系，无论对方是否答应，都是值得尝试的，至少大咖知道了你。机会到处都是，但是销售员得自己抓住它们。如果能与大咖建立联系，那么老师的渠道也就是你的渠道，这是努力多少年都不一定能得到的。而且老师还给销售员提供了背书，销售员在行业内的身份就不一样了。

案例

销售员：何先生

基本情况：拜在某营销大师门下，获得资源、机会无数，跻身销售精英行列。

何先生是很努力的销售员，工作了很多年，一直苦于缺乏资源，所以业绩平平。后经人指点，欲拜在某营销大师门下，寻找出路。何先生还是很懂策略的，他没有贸然去拜师，而是在一年内倾尽所有家资报名参加了该营销大师所有的课程，每次都坐在第一排认真聆听，下课找大师请教。如此，便给大师留下很深的印象。一年后，何先生开始拜访大师，慢慢跟大师熟络起来，两年后拜师成功。何先生进入营销大师的圈子，从此打开了无限的空间。

销售员不仅要加入圈子，还要以圈子为基础建设自己的关系网。关系网即价值网，当销售员有了自己的关系网，这些关系就是资源。有了自己的关系网，销售员的价值就会被放大，关系网越大，销售员的价值就越大。关系网就是销售员的私域流量池，把鱼从大江、大河里引入自家的池塘，然后慢慢地钓鱼，这是销售员的重要工作模式。很多销售员没有这个意识，每天跟没头的苍蝇一样到处乱撞，没目标、没计划、没规模、没保障，这样是没有前途的。

第三章

共情，促进销售成功

从价值的角度来看，销售工作是一个为客户解决问题的过程。客户首先是意识到自己有问题，然后才会产生需求，有需求才会考虑消费。如果产品能够满足客户的需求，即能解决客户的问题，那么客户就可能购买。为什么是可能购买而不是肯定购买呢？因为客户有太多选择，能够满足需求、能够解决问题的产品太多了。于是，在这个为客户解决问题的过程中，销售员给客户的感觉就变得十分重要了，这对于客户来说同样具有巨大的价值，甚至会在客户的选择上起到决定性的作用。那么，尽可能地在销售工作的每个环节与客户共情，时时刻刻让客户感觉到情感的共鸣，就是销售员促进销售成功最有效的方法。

第一节 提问：寻找客户需要解决的问题以确认客户需求

共情式销售可以让销售员找到销售工作的高效路径，不用再做很多无用功。说起销售，以前最流行的话题是说服力、成交，甚至逼单等。殊不知这些力量都用在了销售工作的中间环节，也就是直接产生价值的环节，是拿到钱的环节，所以大家才这么重视。但是大家学习研究了很多年，销售还是那么难做，难道这些方法一点用都没有吗？当然不是，这些方法是有用的，只不过是低效的，因为没有解决根本问题。如果根本问题解决了，这些方法就都不需要。不需要说服力，更不需要逼单，成交会变得自然而然。那么根本问题在哪里呢？在前端。所有销售中间环节的问题其实都出于前端，前端出了问题，那么在中间环节费多大劲都很难解决实际问题，前端的问题才是最根本的问题。

销售工作的四个标准动作是提问、激活、满足和促成（如图 3-1-1 所示）。

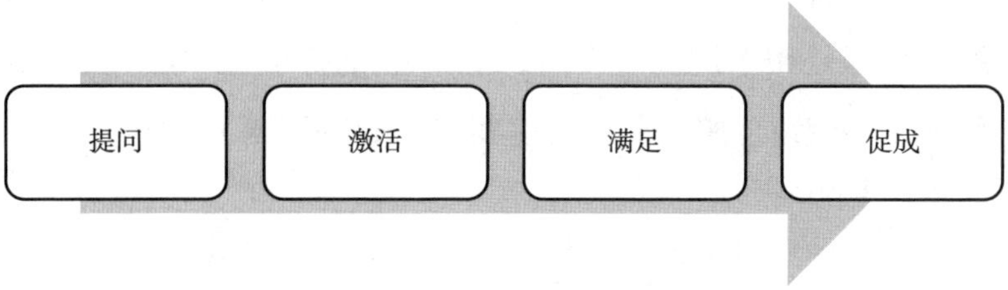

图 3-1-1 销售工作的四个标准动作

提问是寻找客户需要解决的问题，然后根据要解决的问题来确认需求。激活是放大客户的需求，激发客户的购买欲。满足是以产品解决客户的问题，满足客户需求。促成是自然而然、水到渠成的成交。

一、客户不一定清楚自己的需求

消费行为有很多种分类方式，如以需求为标准可分为三类（见表3-1-1）。

表 3-1-1　客户需求解析

需求类型	表面需求的消费	潜在需求的消费	额外需求的消费
需求状态	现在就需要且没有不行	可以更舒适或未来会需要	原本不需要被说服后感觉需要
需求示例	生存、生理、安全等	高效产品、保险、养老等	享受型产品、奢侈品等

第一类是表面需求的消费，是很明确的需求，比如生存、生理、安全方面的各种需求，饥渴、冷暖、居住等。

第二类是潜在需求的消费，是客户目前没感觉到需要，但是未来会需要或者产品可以带来更好的效果。比如保险，就是未来的需要，保险的特性决定了它就是一个未雨绸缪的产品。一个人出了事找朋友借钱是第一类表面需求，这个不用启发，谁都会。而买保险就需要启发，因为是潜在需求，目前还没发生。又如换掉老式双缸洗衣机，买一个全自动的洗衣机就是为了更好的效果。客户不是洗不了衣服，有水就可以，但是用手洗衣服会累，能不能舒服一些？能，买洗衣机，这下舒服了。变得更好的情况是需要启发的，那能不能更舒服一点？能，买全自动的洗衣机。

第三类是额外需求的消费，是客户根本没这种需求，由销售员生造出来的，这并不是客户的潜在需求，这种需求带来的好处需要销售员和商家说服客户，必须是客户知晓并认可了之后才会购买。比如奢侈品，其性价比是极低的，一个超市免费送的购物袋跟名牌奢侈品包包在功能上没有什么差别，但是销售员和商家就有能力让客户为品牌带来的身份感付出高昂的费用，并且乐在其中、引以为荣。

按照这样的分类，只有在第一类情况下，客户有可能明确地知道自己的需求，为什么说有可能？比如，肚子饿了要吃东西，但是，吃什么能确定吗？有时候是确定的，比如，特别想吃火锅。但更多的情况是吃点什么呢？这时候销售行为就出现了，比如，各种食品的广告、饭店的招牌、外卖平台的信息都是在销售。饿了，就肯定会做出消费行为，哪怕自己做饭，也依然要买食材和炊具。

第二、第三类情况客户的需求都是需要销售员去挖掘、开启的，因为不是必需的，不买也不影响眼前的基本生存。于是，激发客户更大的购买欲望就是销售员存在的意义，消费者手里绝大部分的钱都是销售员帮着花出去的。

案例

销售员：尤女士

基本情况：尤女士销售的是飞行执照和小型私人飞机，飞行执照的价格是每人 8.8 万元，小型飞机 150 多万元一架，这绝对属于第三类需求，即额外需求。尤女士是销售员也是飞行教练。尤女士经常在网上直播开飞机，大家也可以付费坐她开的飞机上天兜一圈体验一下。

直播间里人很多，尤女士身着飞行员制服，戴着墨镜，看上去英姿飒爽。起飞降落，俯冲特技，看得人们蠢蠢欲动。可冷静下来思考一下，即便消费得起，但真的需要体验开飞机吗？可是看直播的时候，真的很有冲动的感觉，如果是在现场看，会不会产生冲动消费呢？

所以，从销售工作的角度讲，客户的消费行为应该是由销售员来掌控的，销售高手的销售行为应该是润物无声的，他们有能力让客户自愿购买产品。市场上看似是买卖自由，其实暗藏玄机，属于消费者个人的所谓需求，在多数情况下，只是销售员促进消费者购买行为的一个说辞。

二、销售员在与客户的沟通中，如何控制局面

谁在控制销售员和客户沟通的局面？对于销售员来说当然最好是自己，如果是客户在控制，那么销售的成果肯定是难以把控的。控制局面不是指谁在说话，也不是指谁说的话多，指的是谁在引领谈话的方向，谁在掌握沟通的节奏。如果是客户掌控局面，很可能打乱销售员的节奏，以致难以达成销售目标。

怎样才能掌控沟通的局面？这个很简单，沟通无非是一问一答。那么，在沟通中是提问的人掌控局面，还是回答问题的人掌控局面呢？答案显而易见，一定是提问题的人在掌控局面，回答问题的人是随着提问的内容而说话的。所以，提问就是在沟通中掌控局面的关键行为（如图 3-1-2 所示）。

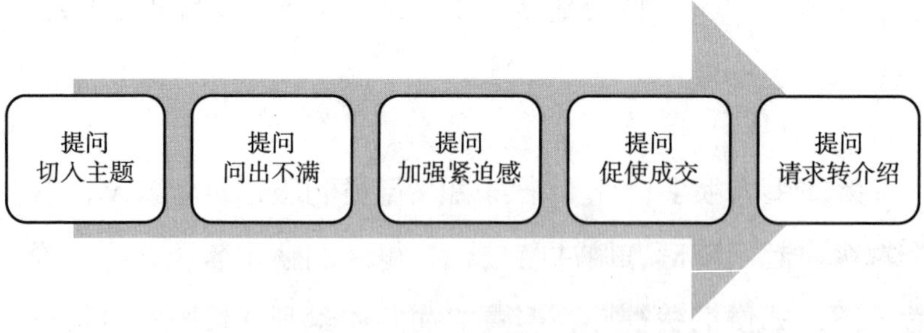

图 3-1-2　销售沟通中提问的价值

提问对于销售沟通很重要，都知道要倾听客户的心声，但是销售员要懂得如何控制客户谈话内容的方向。如果有客户交谈内容的方向和产品完全无关，那么销售员听了也没什么用。客户的消费行为需要销售员通过提问来引导，比如金融产品的销售，客户也许会跟销售员拉家常，但销售员总不能一直跟客户瞎聊。如何切入主题？销售员得问：“最近大家都在说钱贬值了，您平时是怎么理财的？”这就将话题引到金融上了，对方无非说自己如何理财或者说根本不理财。这不是送上门的话题吗？接着问，接着聊，不怕客户跑题，怎么都能通过提问题拉回来。精通提问技巧，销售员就能够在沟通中掌控局面，走向销售的成功。

客户消费的欲望是销售员问出来的，客户原本生活得好好的，就因为遇见销售员，谈话间生出许多对生活的不满意，也就生出许多消费的欲望。

客户消费的急迫感也是问出来的，销售员在跟客户的谈话中，努力地引导客户找到自己潜在的消费欲望，但这些欲望是不是需要满足？是不是需要尽快满足？是不是需要马上满足？必须是，作为销售员，必须把这件事变成马上就要做的事，这是销售员的任务。那么要怎么做？提问！比如销售保险，一定要问出急迫感：您觉得买保险这件事还能拖着吗？您觉得出了问题您有足够的实力顶住吗？您觉得用自己的真金白银顶雷冤不冤？您觉得明天和意外哪个会先来？销售员问的问题应该是只有唯一答案的问题，客户自己说出肯定的话相当于购买的承诺。

成交动作更是问出来的。跟客户聊得差不多了，觉得火候到了，销售员该如何进入成交的流程？还是得靠提问：您觉得这件事咱们完全弄明白了吗？您现在完全认同我的说法了吧？我觉得您完全搞懂了，是吧？如果客户说出肯定的答案，销售员就可以说：“那好，咱们现在就签约。”

就连客户转介绍也是问出来的，当销售员跟客户签约之后，应该趁热打铁，问客户：这么好的产品，您有没有朋友也需要？分享一下吧！然后，一定要说出有哪些回报。客户此时正在兴奋点上，很容易做出回应。这样不仅会产生新的销售机会，还会让客户感到安全，因为销售员表示了还要继续跟客户交易，而不是签完约，像骗子一样夹着包就跑了。

三、提问开场的高效共情技巧

提问对于销售的沟通非常重要，可万事开头难，提问该怎么开场呢？如果想让提问被客户接受，让客户愿意聊下去，共情是必须做到的，因此销售员从一开始就要使用共情式的提问题方式（见表3-1-2）。

表 3-1-2　销售沟通开场提问解析

开场方式	兴趣	求教	定向
保险销售提问开场示例	张姐，您这新车可真漂亮呀！	张姐，我有个成本计算的事弄不明白呢。	张姐，您感觉到最近钱贬值得厉害吗？
原料销售提问开场示例	李工，您可是瘦了不少，最近够忙的吧！	李工，最近这原料的合格率低跟天气关系大吗？	李工，您说这俄乌战争会不会造成原料涨价呀？
软件销售提问开场示例	王总，您这西装是雷军同款吧？	王总，最近这 OPENAI 都把代码开放了，这还怎么挣钱呢？	王总，您对现在市场上软件的迭代更新怎么看？

可以没话找话，通过聊一个很小的问题打开局面，可以围绕自己想要的主题找一些简单易谈的话题。虽然大家的好恶不同，但共性就

是每个人都会对自己的事感兴趣。比如，可以是客户的眼镜的款式，手表、汽车的特点，服装的风格等，对于这些与自己相关的内容，客户都很可能有兴趣聊下去。也可以用寒暄的方式问问客户的工作忙不忙或者对某个行业新闻的看法等。等到客户打开了话匣子，再继续深入，慢慢地引向需求。没话找话的提问一般无法提前准备，随机应变即可，但必须是共情式的提问。销售员一定要有这样的思考，就是自己提出的问题，一定得是客户感兴趣的，这样才能引起对方的注意，让对话继续下去。同时销售员的问题要有机会指向自己的产品，这天不能白聊。

还可以直接请教对方问题，这个方式效率也很高，会让对方觉得自己被尊重了，谁不渴望被别人尊重呢？对于客户来说，销售员提的问题应该是正中下怀，不能让对方答不上来。提的问题应该属于对方拿手的专业领域，这样客户自然会游刃有余，成就感满满，于是销售员会快速地获得客户的好感。销售员一定要提前做好功课，不能问到对方的知识盲区，那不成了为难人家了吗？但是，也不要以为在对方的专业范围内客户就一定会感兴趣，如果销售员问的问题太过浅薄，没什么意义，人家也没义务扫盲，当然不会聊下去。

定向提问也是一种很好的提问方式，开场提问主要是用于铺垫，提出的问题属于要谈的主题方向即可。比如，去销售新上市的软件，销售员就可以问客户："您对现在市场上软件的迭代更新怎么看？"销售员需要通过客户的表达进一步获取信息，从而判断和选择自己下一步的行动。对方给你的答案，包含对软件更新的看法，是正向的还是负向的？销售员由此出发才能合理地进一步构建话题。对于客户的积极正向态度要迎合，这是共情的表现，要趁热打铁地介绍新软件的价值。而对于客户的负向消极态度依然要迎合，销售员首先要表达理解客户的成本投入等压力，这依然是共情的表现，其次再表达不更新就会落后，就会丧失竞争力的事实，这还是共情。

四、寻找客户需要解决的问题并确认客户需求

销售员一定要掌控客户的需求，但如果销售员不断地问客户需要什么？那他一定很被动，因为客户想怎么样回答就怎么样回答，这就是在被动地碰运气，这不是一个称职的销售员应该有的状态。这样的销售员只能算作一个售货员，还不如用售货机。他们业绩不会好，也不会挣到太多的钱。道理很简单，他们所做的事情“含金量”太低，凭什么给那么多佣金呢？谁都知道清洁工的收入低，总经理的收入高，为什么呢？职场中，挣钱多是因为做了高价值的事情。销售工作属于高级的脑力劳动，做到了就能挣很多钱。做不到就得出局，销售岗位是不能“混日子”的。

相信每个销售员对客户需求这个概念都是熟得不能再熟了，但是需求这个概念却不是终极概念，什么意思？就是没挖到底，需求不是客户购买的根本原因。需求的背后是消费的动机。动机就是客户做出消费动作的出发点，消费动机才是销售员应该关注的具体着力点。消费者购买的动机是为了解决问题。所以，销售沟通中的提问，首先要问的不是客户的需求，而是客户有什么问题需要解决，其次才问客户打算怎么解决这个问题？怎么解决问题才是客户的需求。

客户是为了解决自己遇到的问题才会有消费行为，客户购买的不是产品，而是产品带来的结果。比如，客户买药是为了治病吗？不是，买药是为了解决痛苦，客户要的是不难受这个结果，才不在乎那药是什么。什么叫作病好了？就是不难受了，说一个人得了什么病是医生之间的事。

销售员有时会觉得客户的需求摇摆不定，那是因为客户有很多的

问题需要解决，问题之间也许有相互关联或相互矛盾地方，客户需要进行决策。比如，晚上十点，有个人感觉很饿，大家会不会觉得他有吃东西的需求呢？答案是未必。客户需要的不是产品，需要的是解决问题，销售员要关注的是客户需要解决的问题是什么？饿了只是现象，并不是问题本身。如果客户正在减肥，那么，摆在面前的是两个问题：一个是现在令自己不舒服的饥饿感，另一个是自己要减肥，可能是面临肥胖的健康问题、行动不便和被歧视后的负罪感。“吃东西”解决饥饿感的问题，“饿着”解决减肥的问题，客户经过权衡最终会做出决策，吃夜宵或者不吃东西去睡觉，抑或是双向妥协，那就少吃一点。

客户的问题有很多种类型，痛点、爽点和痒点是很形象的说法（如图 3–1–3 所示）。

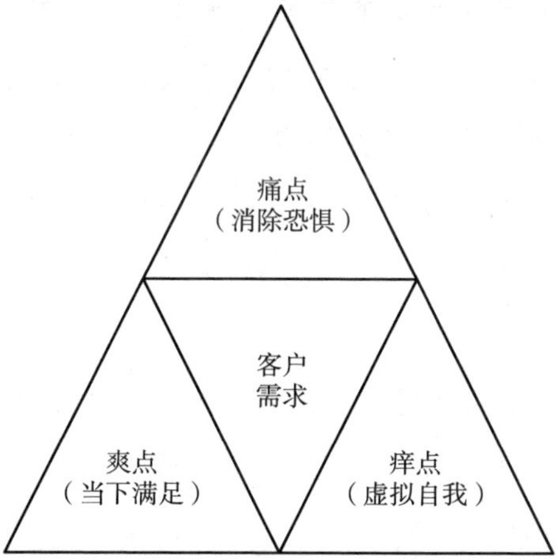

图 3–1–3　痛点、爽点、痒点解析

什么是痛点？是给客户带来不便或痛苦的问题。痛点给客户带来的情绪是恐惧，这是一种非常压抑的情绪状态。比如，人们害怕得病，得病会难受，这就是痛点，医疗产品就是为了解决人们的健康问题。人们害怕肥胖导致不健康和难看，这就是痛点，健身产品、减肥食品的出现是为了解决这个问题。父母害怕孩子受教育程度低而影响未来的工作机会和收入，这就是痛点，教培产品的出现是为了解决孩子教育的问题。

什么是爽点？是指客户很想在此时此刻就被满足的需求。爽点给客户带来的情绪是救急的愉悦感。比如，叫外卖、闪送，停电、停水、停电话、停网络后的网上缴费等。

什么是痒点？就是指客户实现自我虚拟构想的需求。痒点给客户带来的情绪是满足感，通过满足虚拟自我，即在虚拟中实现理想的身份。比如，电子游戏、cosplay（角色扮演）等。

案例

销售员：尚先生

基本情况：尚先生做的是工程项目，这次的项目规模很大，多家竞争对手都在努力，各家的资质和能力旗鼓相当，或多或少也都与甲方合作过，能来竞争的也都是跟甲方合作比较愉快的。而尚先生经过深入的研究策划，脱颖而出，一举拿下工程项目。

尚先生是如何出奇制胜的？原来，这个项目的甲方是一家大型国企，这家企业的董事长第二年的年底就要退休了。董事长是非常希望在任上看见工程完工的，这也是他最后的政绩了。可是不到两年的时间，按常规这个工程是做不完的，这就是董事长要解决的根本问题，所以，他的需求是工程保质保量地在他卸任前完工。竞争对手根本没意识到这件事，还只是在工程质量、降低成本上做文章。尚先生及时地发现了这个切入点，经过深入的研究，决定让团队采用交叉作业等更加高效科学的运作模式，拿出了可行的方案。尚先生因此脱颖而出，客户董事长很满意，甚至很感动。在保证工程质量的前提下，工期大大缩短，对双方企业有利，对个人也有利，项目顺利签约。

第二节 激活：放大客户感受，激发客户购买欲

共情式销售的四个标准动作是提问、激活、满足和促成，在四个步骤中，每一步都需要共情的加持才可以保证执行到位。如果销售员能找到客户的问题，那么客户想解决这个问题的急迫性就变成了消费决策的关键。如果想让客户快速地做出消费的决策，销售员必须做到以下几点。

一、深挖客户的消费动机，解析客户的消费行为

消费动机是消费行为活动背后的原因，但是消费动机和消费行为之间的关系又是非常复杂的。同一消费行为可以由不同的消费动机引起，比如，购买茅台酒的人可能是为了自己喝，也可能是为了送礼，还可能是为了投资收藏。相同或相似的消费动机也可以引起不同的消费行为，比如，同样是去拉萨，有人选择坐飞机，有人选择坐火车，有人选择自驾，甚至有人选择走路。客户的消费动机是多种多样的，有些消费动机起着主导作用，有些消费动机则处于从属地位。

消费动机引发消费需求，比如一个人赤脚走路觉得脚不舒服，这

时候就可能产生一个消费动机，即走路时让脚舒服。这个消费动机会引发一个消费需求，就是买一双鞋。然后产生一个消费行为，那就是真的去买鞋，从而达成了消费结果，拥有了一双鞋。这个消费结果满足了消费需求。而消费需求的满足消灭了原来那个想让脚走路时舒服的消费动机（如图 3-2-1 所示）。

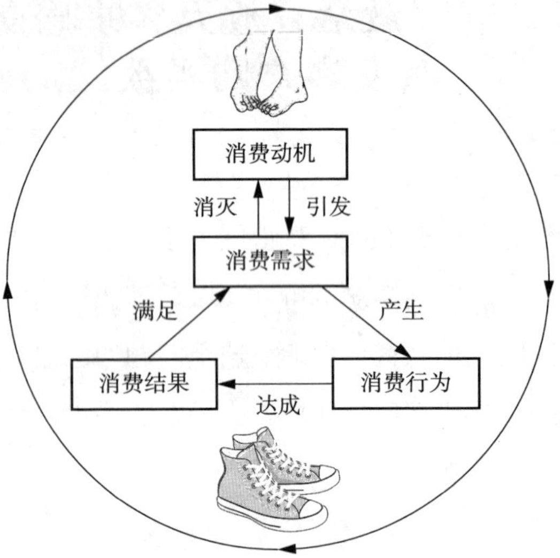

图 3-2-1　鞋的消费解析

动机分两种，一种是逃离痛苦，另一种是奔向幸福。最好的例子就是考试，想从不及格考到及格的人就是要逃离痛苦，因为不及格是可耻的，是要被惩罚的，是痛苦的。而想从及格考到高分的人就是想奔向幸福，因为考高分是光荣的，是会受到表扬的，是幸福的。相信任何人都能意识到，当一个人想从不及格考到及格，这时的动力是最大的，而从及格考到高分的动力一定会小很多。逃离痛苦仿佛是在无法呼吸的水底，想着奋力爬上岸才能活命；奔向幸福仿佛是站在岸上，呼吸着新鲜空气，仰望着山峰，想着如果爬上顶峰，我就太了不起了。这心情能一样吗？所以，现实就是人们更在乎逃离痛苦，其次才是奔向幸福（如图 3-2-2 所示）。

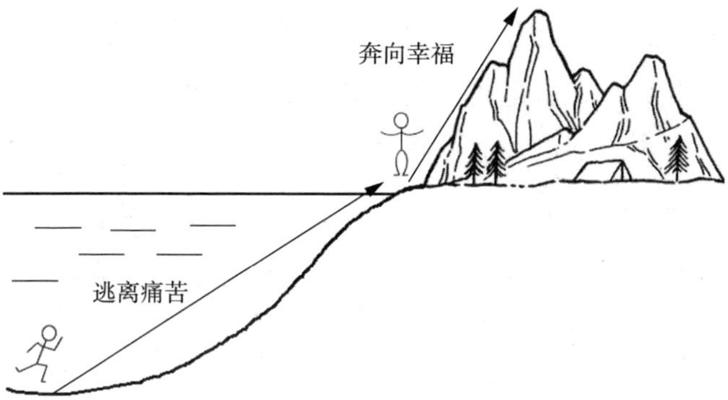

图 3-2-2 逃离痛苦与奔向幸福的比较

这两种动机的区别就是起点不同，而起点的高低是来自及格线的设定。如果设定一个很低的及格线，比如 30 分及格，此时虽然大家的分数没变化，但及格的人会很多，那么不着急提高分数的人就会变多。如果设定一个很高的及格线，比如 80 分，此时大家的分数虽然没变化，但不及格的人变多了，于是急着提高分数的人就会变多。

消费动机和消费行为也是遵循完全一样的道理，在有限的经济条件下，不得不买的东西，在消费时是不会犹豫的，比如，人们在医院的花费虽然会心疼，但总是很坚决。而能够让自己生活得更好的东西是不一样的，大多数人会犹豫再三。比如，把刚开了 3 年的汽车卖了，再买一辆更高档次的汽车。

但是，调研中发现很多人花起钱来很冲动，其中包括很多经济条件并不好的人。总体印象就是现在的人们虽然不一定很富裕，但是普遍地越来越敢花钱。这是怎么造成的呢？其实就是因为商家和销售员不断地把消费的及格线拉高，让更多的东西都变成那种看似不买就不行的东西。比如，谁还没有一双名牌运动鞋呢？仿佛拥有一双名牌运动鞋是天经地义的事，但是，对于收入不高的人，几千元一双的运动鞋是很高的消费。如果有人不服，那就扪心自问，这样的运动鞋你一个月能挣几双呢？尤其是在身为消费主力的女性群体中，一句“女人要对自己好一点”深得人心，也不知这“好一点”是多大程度，反正是把及格线向上拉到了极致，于是就创造了巨量的消费。

案例

口号：秋天的第一杯奶茶

基本情况：已经无法查证是谁提出了这个口号，总之，近几年很流行。而且，女性群体非常受用这个生造出来的需求，大有没有就不行的态势。据悉，近几年，每年秋天各大奶茶相关企业都赚得盆满钵满，甚至立秋那天会把店员累到病倒（如图 3-2-3 所示）。

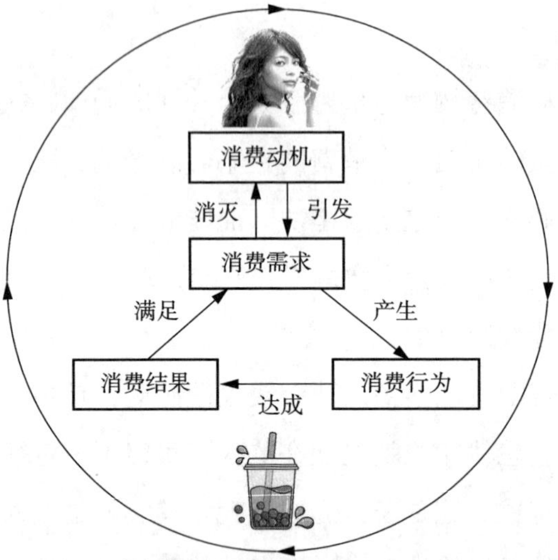

图 3-2-3　奶茶的消费解析

这就是典型的拉高及格线的方法，在销售过程中，为了扩大消费者的消费规模，唯一的办法就是把不必要的消费装饰成为必要的消费。女性的消费动机是被爱、被关注，那就给你匹配一个消费需求，秋天的第一杯奶茶，因为秋天开始冷了，更需要温暖。听起来好有道理，潜台词就是，如果没有人给我买这秋天的第一杯奶茶就等于没人关注我，没人疼爱我。那我就是不及格！那怎么行？这下子，奶茶几乎成了刚需，是及格的标志。只不过这个消费行为大部分落在男人身上，女人的老公、男朋友无论是主动地还是被动地都得做到及格，要不然就是一场“血雨腥风”了。实在不行，女人的老爹或者兄弟还可以作为预备队顶上。总之，消费结果就是女人得到了秋天的第一杯奶茶，满足了消费需求，拍照发朋友圈。如此销售，堪称完美！

二、了解客户的消费决策心理机制，把控客户的消费行为

客户的消费决策发生在消费需求产生之后，决策的结果必然只有两种，一种是产生消费行为，另一种是放弃消费行为。消费行为的形式很明确，就是付费提货。贷款消费也是一样，贷款是借钱，是客户跟另一方的事情，商家这边是必须钱货两清的。放弃消费有很多种表达，不买是最直接的，还包括再考虑考虑、以后再说、再看看别的等（如图 3-2-4 所示）。

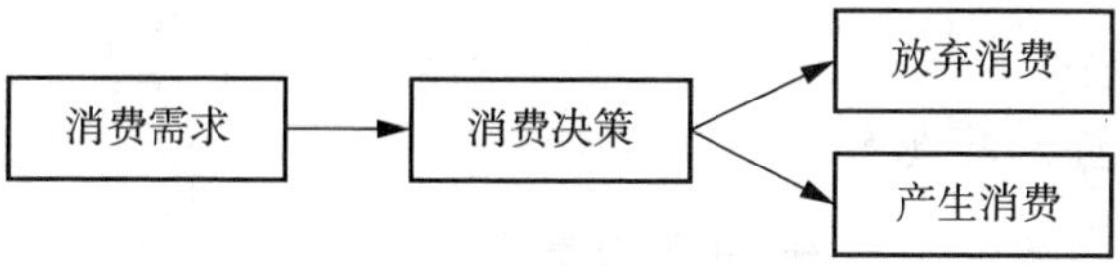

图 3-2-4 消费决策的过程

销售员要搞清楚消费决策的原则。影响决策的因素有很多，但

是，最根本的因素只有两个，一个是重要性，另一个是紧急性，这就是决策的原则。客户的消费决策也是一样的，其他看似各种角度的商业因素在决策上都是侧面的影响，重要性和紧急性才是决策的根本。客户决策中的排序是这样的，第一种是重要且紧急的消费需求，比如，对于急症的医疗消费；第二种是重要且不紧急的消费需求，比如，为改善家人的生活环境重新装修住宅；第三种是不重要且紧急的，比如，新开张的水果店西瓜半价促销最后一天；第四种是不重要也不紧急的，比如，附近新开了一个夜市，晚上可以去逛逛。这四种情况中，第一种和第四种是决策最容易的。第一种重要且紧急的最应该消费，最容易接受；第四种不重要且不紧急的最不应该消费，最容易放弃。让客户产生犹豫和纠结的是第二种和第三种，第二种虽然重要但不紧急，那就再考虑考虑；第三种虽然紧急但不重要，做不做两可。销售员的主要工作就是促进客户的决策，最有效的工作方向就是尽可能地提高购买产品的重要性和紧急性（如图 3–2–5 所示）。

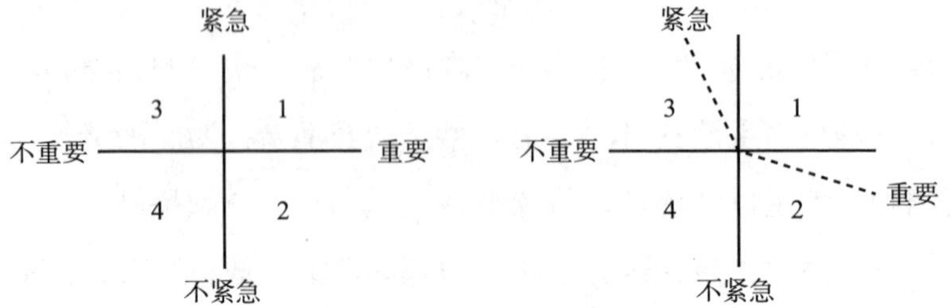

图 3–2–5　消费决策重要与紧急四象限分析

案例

销售员：叶女士

基本情况：叶女士销售的是少儿体育兴趣班，主要产品是篮球班。在同行中，叶女士的业绩是最好的。

销售员群体之中不乏业绩斐然的人，也有收获寥寥的人。叶女士总归是做对了些什么，才会有如此的成绩。叶女士说：“这个销售工作很容易呀，我主攻男孩，首先是将心比心，父母都是非常在乎孩子的，这是花钱的基础。我也有儿子，这个身份认同感很有价值，最直接的体现就是很容易跟客户产生共鸣。其次就是两件事，一个是要强调健康的重要，尤其是身高的重要，无论是工作还是婚姻，健康和身高都是极其重要的指标，做父母的哪个会不在意呢？另一个就是要强调，孩子长个是有窗口期的，过了这几年就再也没机会了。最后再把限时优惠一展示，基本上都能成交。当然，勤奋是自不必说的，一分耕耘一分收获，谁也不可能不劳而获。”也许叶女士并没有经过专业的培训，但是她做对了所有的动作，男孩子身高问题这件事不仅重要而且紧急，不是吗？是不是要多重要就有多重要，要多紧急就有多紧急？那还等什么！报名！

再来看看消费决策的过程。任何决策行为，都要经过四个步骤，按执行的顺序来定性、定义、比较、选择，消费决策也不例外（如图3-2-6所示）。

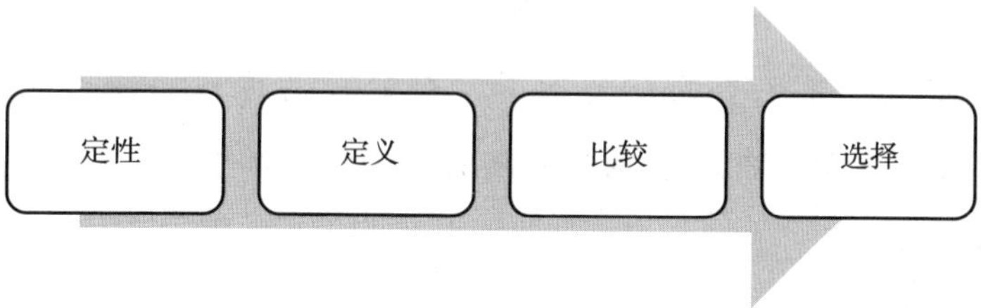

图 3-2-6 消费决策的四个步骤

第一步是定性，就是要确定面前的事情是什么性质。比如，前文说到的决策原则，就是把要决策的消费需求分为四种性质，即重要且紧急、重要且不紧急、不重要且紧急和不重要也不紧急。消费需求的性质一旦定下来，客户的态度自然就很明确了，如此，决策就完成了第一步。

第二步是定义，就是要分析消费需求。到底出了什么问题？要解决的是什么问题？这就相当于医生的诊断，目的是不要被表面现象所迷惑，是为了避免决策的偏差。很多时候，人们花了钱但并没有解决问题就是这个原因。

当客户确认了要解决的问题，第三步就是比较选择消费方案。问题诊断清楚了，那就要看哪个更有效，此时就需要认真了解产品的特点和品质了。

第四步是做出选择，只要前三步做到位，第四步就很轻松了。

案例

客户：王先生

基本情况：王先生要给18岁的孙子买生日礼物，孙子要一双耐克运动鞋。虽然需要2000元，但王先生还是答应了，18岁生日是成人礼，以后就是大人了。但是，王先生怎么也找不到耐克的专卖店，就稀里糊涂地进了阿迪达斯的专卖店，他看着琳琅满目的运动鞋，按照孙子提供的图片，花2000多元买了一双样子差不多的阿迪达斯运动鞋。没想到，孙子很不高兴，要去退货。王先生也很不高兴，说孙子都18岁了还这么不懂事。

这件事里王先生和孙子都自以为有理，但是他们都做错了一些事，老王和孙子的消费决策过程都是只走了自己的路，没有兼顾对方，因为爷孙二人对买鞋这件事的定性完全不同。

先说孙子，对于爷爷送生日礼物这件事，孙子根本没意识到这是爷爷的关怀和情感，于是消费的定性就是买鞋，对需求的定义是荣耀和身份，比较的结果是选耐克品牌。所以，对于孙子来说，不是耐克就不对，阿迪达斯再贵也不对。

再说爷爷，对于买鞋的定性是爱孙子、重视孙子，需求的定义是给孩子花钱，要花 2000 多元。孙子喜欢什么就买什么。爷爷根本没考虑品牌的事，只要是 2000 多元，肯定是好鞋，而且，是按照图片选的，什么牌子不是穿呢？

其实，爷孙二人是可以兼容的，但无奈的是孙不知爷、爷不知孙啊。

三、放大客户的内心感受，激发客户的购买欲望

人首先是感性的，其次才是理性的。人的任何一次消费都是感性在前，理性在后。感性来自欲望，理性来自责任。在消费中，理性和感性是矛盾的，是要交战的。感性是随心所欲的，理性是要约束感性的。所有的消费行为都是感性和理性博弈的结果，买或不买，买多或买少，买这或买那。销售员的目标就是达成客户的消费行为，数量越多越好，金额越大越好。所以，销售员就应该站在感性这一边，帮助客户的感性打败理性。销售员能做的就是放大客户的感受，这样才能激发其更大的购买欲望。

在销售活动中，关于客户的感受，一个是逃离痛苦，另一个是奔向幸福。

对于逃离痛苦，客户对痛苦的感受应该是更强烈的，这种痛苦仿佛就是求生的动力，痛苦越强，动力越大。那么，销售员就应该放大这种痛苦，最佳的方法是让客户诉说这些痛苦，因为是客户自己的感受，所以客户有很多话说，要让客户说而且要多说，客户说的一点一滴的痛苦都是消费的理由。销售员更多的是担当倾听的角色，通过提

问引导客户，要跟随客户的情绪并与之共情，情绪是相互影响的，要努力把情绪放大、再放大。情绪越强，痛苦越大，越不能继续忍受。那就只能改变和解决，改变的欲望就被点燃了。怎么改变？怎么解决？选择吧，成交吧。

这就是很多时候，销售员中的高手并没有对客户滔滔不绝地进行说服，只是说了为数不多的几句话就达成交易的原因。他们往往是以提问加倾听的方式，让客户不断地诉说痛苦，当客户的痛苦被放大到极致的时候，购买的欲望也就被放大到极致，只要一点引导，客户就会主动成交。

案例

销售员：朱先生

基本情况：朱先生是教育培训机构的销售员，做的是课外辅导班的招生工作。朱先生的业绩非常好，成交率极高，属于难得的销售高手。

销售员朱先生认为所有的销售技巧都是有用的，但最重要的还是基本的原理。朱先生对客户有自己的筛选方法，他认为不是所有的父母都是优质客户，辅导班不便宜但也不是高消费，花钱不是消费的重点，重点是意愿是否强烈。朱先生的客户大多是经济条件不太好的家庭，在朱先生眼里，这些家庭的父母就是吃了没有文化、没有学历的亏，他们的痛苦最大，动力也最大。而且这样的父母有很多，属于无限的资源。朱先生说：“销售的过程也不复杂，我只要开一个头，他们大多都会诉苦，找不到体面的工作，工作累钱还少，被歧视、没机会、压力大、没希望……他们说够了，我就问下一代还要这样吗？他们就开始考虑选哪门课了。”

对于奔向幸福，幸福感也是动力，幸福感越强，动力越大。客户对于消费后获得某种幸福的感受应该是模糊的，因为如果消费能够带来的幸福是客户已经享受过的，那就是重复消费，就不需要销售员参与描绘了。所以，想放大奔向幸福的欲望，需要销售员为客户做更多的事情，其中最重要的是展示他人消费之后的幸福情景。比如，婚姻介绍机构的红娘一定会展示老客户婚礼现场的照片、婚纱摄影的照片以及孩子的照片，而售楼机构一定会装修几个样板间，减肥机构必定展示学员减肥成功的前后对比照片、视频等，这些都是在向客户展示消费后能够得到的幸福情景。

当然不能只是让客户看，还要提问，要问客户的感觉，问客户想找个什么样的对象，想要什么样的婚礼，想生几个孩子；要问客户你想把房子装修成什么样子；要问客户你想减到多少斤，想穿什么样的漂亮衣服。

要让客户跟着看到的情景去纵情幻想，释放客户的欲望，当欲望被放大到了极致，消费就是唯一的出口。

案例

销售员：王先生

基本情况：销售员王先生是做出国留学生意的，业绩优秀，属于行业资深人士。

销售员王先生说，他从不认为出国留学是最好的选择，更不是唯一的选择。但出国留学是有很大益处的一种选择，任何选择都有利有弊，做出选择后去面对就好了。他说：“对于初见的客户，我做得最多的事情就是给他们看之前的客户如今在国外的学习和生活的情况，甚至当着他们的面跟对方进行电话、视频交流。其实目的很简单，就是把孩子出国留学的好处展示给他们看。客户对国外的学习和生活一般都不够了解，这也是他们最需要的。据我的观察，绝大部分客户看完了这些资料，欲望都会被放大，他们会本能地想到我的孩子是不是也可以出国去留学？也许以前他们根本没有想过让孩子出国留学这件事。这样，销售的第一步就很快完成，下面就是选择的问题了。”

第三节　满足：以产品解决客户的问题，满足客户的需求

共情式销售的四个标准动作是提问、激活、满足和促成。第三个动作就是以产品解决客户的问题，满足客户的需求，但是，这需要销售员提前做好准备，打好与客户共情的基础。

一、销售员必须对自己销售的产品了如指掌

作为一名销售员，充分地了解自己所销售的产品是非常重要也是非常必要的。所谓了如指掌，这就要求销售员深入地了解产品的特点、功能以及与竞争对手的比较等方面的情况。深入地研究产品能够使销售员在与客户的交流中更加自信，随时随地有效地回答客户的问题或打消客户的疑虑。而且，对于产品细节的了解，还可以帮助销售员为不同的客户做出个性化的服务和定制化的解决方案。

销售工作就是要发现问题、提出问题、解决问题，销售员要想详细地、综合地了解产品的情况。5W2H 分析法是很高效的方法，因

为这也正是客户想问的问题。产品是什么（What）、为什么要购买（Why）、是给谁用的（Who）、什么时候用（When）、在什么地点用（Where）、怎么用（How）、多少钱（How much），这就是5W2H分析法（如图3-3-1所示）。

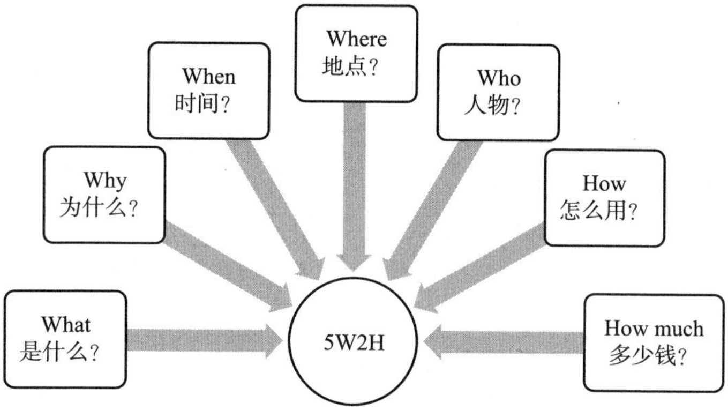

图3-3-1 5W2H分析法

5W2H是针对任何一种产品的最基本要素提出的七个问题，运用到销售工作中是非常高效的。销售员对自己销售的任何一款产品都应该用5W2H分析法加以理解，从而做到在客户面前展示专业性，同时获得客户的信任感。

案例

产品：某品牌保健品的系列产品

基本情况：对销售员进行培训，通过对销售的上百个产品进行5W2H分析，使销售员对产品的了解程度大幅提升。

以下是某一款产品的5W2H分析示例（见表3-3-1）。

表 3-3-1 对保健品的 5W2H 分析

产品编号：

问题	答案	备注
是什么？（What）	保健品	批准文号药健字
为什么要购买？（Why）	预防老年突发性中风	早预防早受益
是给谁用的？（Who）	40 岁以上的中老年人士	• 短暂性脑缺血发作多见于 50~70 岁男性，症状…… • 脑梗死常见于 60 岁以上男性，常与高血压、糖尿病…… • 脑出血发病年龄常在 50~65 岁，多数与高血压……
什么时候用？（When）	每日早、中、晚饭后各一次	坚持服用方可见效
在什么地点用？（Where）	任何地点	居家外出均要规律生活
怎么用？（How）	温水服下	多喝水更有利于吸收
多少钱？（How much）	900 元 / 疗程（月）	每次只要 10 元

对于销售工作来说，只是了解产品的基本情况是远远不够的，还要认真地分析产品的优势与劣势，了解竞争对手和市场的情况。销售员只有在与客户见面之前做好这些功课，才可能在销售工作中立于不败之地。

SWOT 分析法是一种非常实用的分析方法，SWOT 代表 Strengths（优势）、Weaknesses（劣势）、Opportunities（机会）和 Threats（威胁）。在销售工作中，销售员销售的产品也同样面对着这四个方面的问题（如图 3-3-2 所示）。

优势指产品所拥有的超越其他竞争对手的强项。这些优势可以是产品的特性、品牌形象、独特的技术等方面。

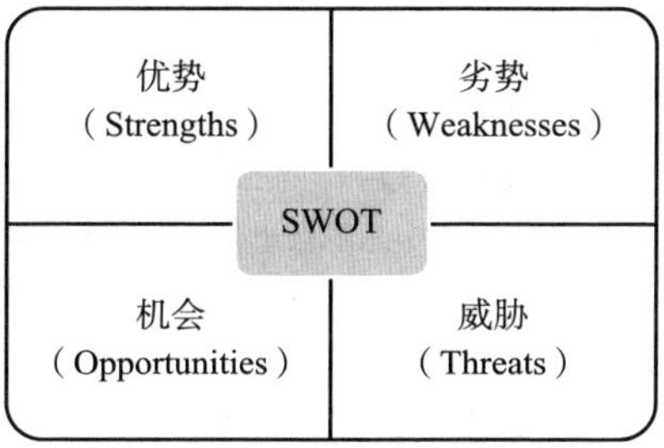

图 3-3-2 SWOT 分析法

劣势指产品不如竞争对手的弱项，包括产品的限制、缺陷、竞争劣势等方面。它们可能会影响产品的竞争力和市场占有率。

机会指产品开拓市场的外部机会，包括市场趋势、技术发展和政策环境等方面。这些机会可以为产品创新带来机遇和发展空间。

威胁指销售可能面临的外部威胁，包括竞争对手、政策限制、经济情况等方面。这些威胁可能会对产品的销售造成负面影响。

案例

产品：电动汽车

基本情况：电动汽车的销售中，销售员使用 SWOT 分析法对产品有了更加深入的了解，对销售工作有着非常积极的作用。

以下是某款电动汽车的 SWOT 产品分析（见表 3-3-2）。

表 3-3-2 对电动汽车的 SWOT 分析

优势 (Strengths)	◆ 顺应环境：排放量为零，符合全球可持续发展趋势 ◆ 技术进步：电动汽车的关键技术不断突破，电动汽车的性能和可靠性大幅提升 ◆ 市场需求：消费者的环保和节能意识提高，电动汽车市场需求快速增长 ◆ 政府支持：包括补贴、税收优惠和建设充电基础设施等

续表

劣势（Weaknesses）	◆ 成本劣势：购买和维护成本相对较高，尤其是电池成本严重限制了电动汽车的发展 ◆ 充电不便：充电站的数量和分布不够完善，给电动汽车的出行带来不便。充电时间太长，快充技术尚未普及 ◆ 续航不足：虽然技术在进步，但电动汽车的续航里程仍然非常有限，远不如燃油汽车。尤其是天气寒冷的地区，更为严重
机会（Opportunities）	◆ 政策支持：全球许多国家都在积极推广电动汽车，出台了一系列支持政策 ◆ 市场开发：增加商用车、公共交通和物流等领域的应用，市场潜力大 ◆ 技术创新：电池技术的进步很快，续航里程和充电时间将得到明显的改善 ◆ 充电设施：充电基础设施的建设将得到加速，为电动汽车的普及提供支持
威胁（Threats）	◆ 竞争加剧：电动汽车市场的扩大，竞争将日益激烈，越来越多的企业进入这一领域 ◆ 技术革新：其他替代能源汽车，如氢燃料电池汽车也在发展，对电动汽车构成威胁 ◆ 环境政策：全球气候变化和环保政策放松，会对电动汽车行业产生负面影响

通过SWOT分析，销售员认识到电动汽车行业具有许多优势和发展机会，但也面临一些劣势和威胁。在销售工作中，销售员将以更加清醒的头脑、更加精准的认知，为客户解决购买电动汽车的各种问题。

二、产品存在的意义就是要解决客户的问题

产品存在的意义在于客户的接受，客户的接受源于是否能够解决客户需要解决的问题，所以客户要解决的问题是销售工作的重中之重。这就不得不提起“场景”，场景就是“一个画面、一个片段”，描

述了什么人在什么时间什么地点做了什么。要关注客户在什么样的场景下产生了什么样的问题，而销售员要做的事就是以产品解决客户在那个场景下的问题。让客户设身处地地感受到产品价值，以促进其购买行为。

案例

销售员：李先生

基本情况：李先生回到家，工作了一天很疲倦，妻子突然问，你记得今天是什么日子吗？这把他吓了一大跳，因为最近工作特别忙，他完全没有想过其他的事，他快速地思考，突然想起今天是结婚五周年纪念日。完了，一场风暴即将来临，他完全忘了这件事。即便假装说自己记得，可是没准备礼物，罪加一等。怎么办？他的脑子飞速地运转，CPU 都快烧了。忽然，他想起自己的包里有一份给客户的礼物，是一支很贵的笔，算是名牌，应该能顶上。于是他平复了一下心情，很淡定地说今天不是结婚五周年纪念日吗？然后拿出了那个礼物，总算力挽狂澜。晚上，李先生在自己的公众号上发表了一篇文章，说了这件事情。李先生不愧为优秀的销售员，他竟然在文章下面附了那支笔的购买链接。结果，他的粉丝不仅愿意购买，还推荐给自己的朋友，最终卖了将近十万支，李先生的粉丝也涨了好几万。

自己的结婚纪念日送一支笔合适吗？但无论适合与否，总比没有强吧？结婚纪念日送一支笔不合适，但是用一支很贵的笔作任何纪念日的礼物都不为过吧？只要说希望用这支笔记录生活的点点滴滴、书写美好未来就行了。设想一下，一位已婚男士看到这篇文章时会有怎样的想法？李先生把那个场景展示在读者面前，这个恐怖的场景马上会引起读者的共情，问题很严重，一定要解决，强烈的需求就产生了。这支笔的设计和生产者怎么也不会想到自己的产品会是这样的用法。当这支笔化解了这场危机后，读者最可能的反应是自己也应该准备一个这样的礼物以备不时之需。

案例

产品：瓶装饮用水

基本情况：目前瓶装饮用水的价位大概分为四个档次，以500毫升容量为例，分别为1元/瓶、3元/瓶、5元/瓶和15元/瓶。那么，销售的业绩如何呢？结果是1元/瓶、3元/瓶和15元/瓶的业绩都很好，唯独5元/瓶的业绩不行。

当今，瓶装饮用水已经是生活中的必需品，各种品牌、各种档次的饮用水层出不穷，市场巨大。其实瓶装饮用水本是用来解渴的，各种水的质量并没有天差地别。但是不同品牌的水价位却完全不同，因为很多时候，这瓶水并不只是用来解渴的。产品一定要为客户解决问题，就一瓶水而言，客户在不同的场景下会产生不同的问题，会有不同的需求。

比如，自己人开个会，用1元/瓶的水就很好，1元/瓶的水也是国际知名企业生产的，质量一点都不差。那如果来了外部的普通客人呢？1元/瓶的水就不能解决问题了，会显得失礼，所以就选3元/瓶的水。那要是贵客呢？价格低的水不足以表达尊重，还好有15元/瓶的水，这下问题就解决了。怎么没用上5元/瓶的水呢？因为客户没有5元/瓶的水能解决的问题，所以也就没有对它的需求。1元/瓶或3元/瓶的水能解决问题还怎么会用5元/瓶的水呢？可是15元/瓶的水能解决的问题，5元/瓶的水又做不到，不能为客户解决问题的产品也满足不了客户的需求，怎么可能卖得好呢？

所以，当初给一瓶500毫升的水定价5元/瓶，不知是怎么想的？有没有想过要解决客户的什么问题？是客户在什么场景下的问题？我的产品能解决吗？ 5W2H、SOWT分析做过没有？

三、努力开发产品的用途，为客户解决更多的、更大的问题

销售员应该时时思考，自己所销售的产品到底能给客户解决什么问题，除了目前已知的问题，还有什么可能性？销售员越关注这些事情，越容易跟客户共情，越容易产生销售的机会。

案例

销售员：刘先生

基本情况：刘先生是房车的销售员，平时业绩一般。一次他在节假日开着房车带全家去内蒙古自治区旅游，在与当地牧民的交流中，他竟然陆陆续续卖出十几辆很贵的房车。

房车销售员刘先生租了一辆很大的房车，节假日带着全家6口人去内蒙古自治区游玩。游玩的途中接触到一些牧民，大家都知道，牧民驱赶着牛群、羊群到处放牧，他们住的是蒙古包。每当需要迁徙到其他牧场，就需要拆除蒙古包，然后到了新的牧场再次安装。这些牧民看见刘先生的房车，感觉很稀奇，他们看了又看，很是喜欢。问了价钱，发现才几十万元，当即就有牧民向刘先生订购。有不少牧民是很有钱的，成百上千甚至上万只的牛羊价值不菲，后来又有很多牧民来找刘先生购买房车，刘先生的业绩很快就在同行中遥遥领先了。牧

民买房车是为了省去拆装蒙古包的麻烦，同时也可以提高生活质量。房车首先是一辆车，在很多人看来房车是一辆可以居住的车，但在牧民看来，房车也是可以到处跑的房子。

面对如此商机，刘先生感慨万分，不禁扪心自问：“我怎么早没有想到？”在这次对牧民的销售中，刘先生第一次体会到不需要说服，也不需要逼单的销售，这些牧民早就超过了生存和安全的需求层级，他们就是要过得更好，所以很需要房车提升居住条件。

其实，销售员很大一部分的工作内容就是思考，因为只有想到，才会去做，才可能做到。销售员要主动分析自己的产品还能够为客户做些什么？只要找到，那就是一片新的蓝海，有着无数的市场机会。

商家甚至可以为客户努力创造出问题，然后去解决它。不一定是关于使用价值的问题，也可能是关于附加值的问题，附加值属于精神层面，是客户的感觉。使用价值是可以量化的，是有限的；而附加值是无法衡量的，是无限的。

案例

客户：郑女士

基本情况：郑女士要结婚了，未婚夫最近忙着彩礼、房子、车子、首饰、婚礼的事情。原本一切都是和谐安好的样子，却突然发生了一件事，郑女士想买一枚结婚钻戒。未婚夫本来是同意的，原本以为5000元就可以搞定，但是郑女士想要一枚价值2万元的钻戒，而未婚夫的经济条件并不算太好，家底已经快被掏空了，于是，责怪郑女士过分。这让两人闹得很不愉快，差一点分手。最后双方各让一步，买了一枚1万多元的钻戒，但两人都表示自己很委屈。

结婚钻戒是一点使用价值都没有的，除非用它划玻璃。在目前这个阶段，郑女士的未婚夫是非常关注使用价值的，因为经济紧张，要花钱的地方太多了。郑女士的想法很简单，也觉得自己很有理，自己结婚是人生大事，因为未婚夫家经济不宽裕，好多地方都是能省则省了，总得满足一下精神需求吧，就想着要个长长久久的感觉，买个钻戒，大一点怎么就不行呢？

原本钻石的使用价值是切割玻璃和钻探矿井，商家用了一句“钻石恒久远，一颗永流传”就把它包装成天长地久的象征，甚至成了结婚的标配，是呀，哪个女人不想自己的婚姻恒久远呢？什么？还能永流传啊，那更好啊！

顺便说一句，钻石是不能够恒久远的，也不可能永流传，因为时间太长了钻石就会崩解，碎成渣渣。真正能够恒久远、永流传的是黄金。但这些科学道理根本都不重要，重要的是广告给女性消费者传达的那种恒久远、永流传的感觉。这时候，你讲科学就是“不浪漫、不懂感情、不爱我”。这就是商业中的价值创造，客户实在没问题，那就去为客户创造问题，然后帮助客户去解决它。这也为销售员提供了更多的职业机会，销售员要时刻记得努力为客户解决问题，努力满足客户的需求。因为这是客户愿意消费的原因，也是销售员存在的价值。

在解决客户问题这件事情上，有很多产品并不能彻底解决客户的问题，但是，不同程度的解决都算是解决，这样的产品依然会有足够多的商业机会。比如，对于住宿问题，住旅馆、按月租房或者购买房产都是解决方案，不同的只是住旅馆是临时性的解决，按月租房是阶段性的解决，而购买房产是永久性的解决。

案例

客户：郭先生

基本情况：45岁，出差到外地五线城市，半夜腹痛难忍，到附近诊所看急诊，经医生诊治未发现肠胃有问题，怀疑是痉挛等神经性问题，因条件有限只能开止疼药缓解疼痛。天亮后郭先生的症状好转，后来去大型医院诊治，发现是胆结石造成的疼痛，决定采取保守治疗，定期服药检查。过了一年，郭先生出差时再次腹痛，第二天好转，经权威专科医院诊治为胆结石加胆囊炎发作，最终采取微创手术摘除胆囊。三次诊治花费为：第一次，历时一晚，消费300元；第二次，历时一年，消费2000元；第三次，历时半个月，消费3万元。

郭先生作为医院的客户，需要解决的问题是病痛。三次消费，每次的花费不一样，解决的程度不一样，产生的价值也不一样。第一次是临时性解决问题，第二次是阶段性解决问题，第三次是永久性解决问题。三个医院都是好医院，三次就医也都遇到了好医生，三次消费都解决了问题，三次消费都是值得的。但是，从临时性解决问题到阶段性解决问题，再到永久性解决问题，产生的价值越来越大，回报也越来越大（如图3-3-3所示）。

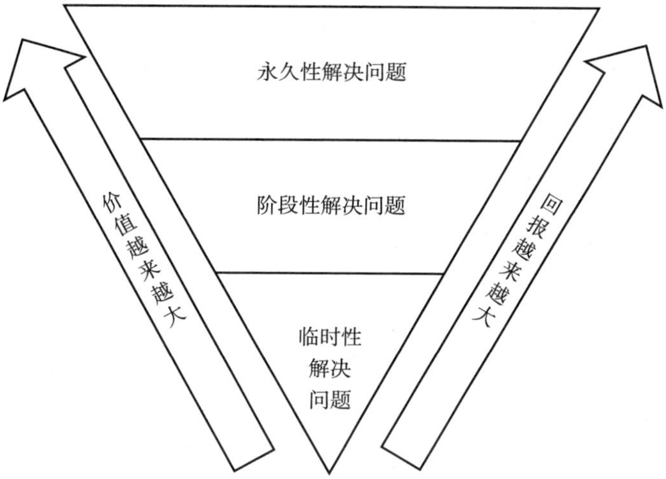

图 3-3-3 解决问题的三个级别

第四节 促成：成交是水到渠成的事情

销售工作的四个标准动作是提问、激活、满足和促成。最后一个动作就是成交，如果前面三个步骤与客户的共情到位，成交就是水到渠成的事情，如果前面三个步骤共情做得不到位，最后的成交就难以达成。很多销售员是急功近利的，他们没有耐心做好前三步，只看得见成交这一步可以获利，于是，就有很多在后端发力的态度和套路冒出来。但往往会使买卖双方都很不愉快，甚至毁掉了某些行业的名声。

一、深刻感悟销售成交的原理

拿猎人与农夫来说，猎人是不培养猎物的，猎人与猎物是对立的，是你死我活的关系。猎物也不能坐以待毙，会跟猎人搏斗。这种关系是恶性的，属于零和博弈，就是一方获得的收益来自另一方的损失，博弈各方的收益和损失相加总和永远为“零”。但销售工作不是这样的事情，销售是“双赢”的，所以，销售员更像是农夫，农夫必须呵护庄稼的成长，最终收获了粮食，但是农夫也帮助庄稼完成它的一生。

成交行为不是一个单独的存在，是销售流程中的一个环节，把成交单独拿出来讨论是没有意义的。这有点像“清官难断家务事”，大街上两个陌生人吵架很好解决，可以找警察评理，陌生人之间没有什么过往，就事论事而已。但是面对家庭中的纠纷谁都会退避三舍，就算报警，只要没人触犯法律，警察也不会掺和。为什么？不仅是因为警察没有这个职责，更是因为太多的前端问题，谁知道之前都发生过什么？剪不断理还乱啊。成交也是这个道理，每次有销售员成交失败，都会想尽一切方法补救，但是这根本就不可能补救，因为销售员已经把事情搞砸了。

案例

销售员：赵女士

基本情况：在公司的销售员群体中，赵女士业绩很一般，但是她的客户毁约和客户投诉数量是最多的。销售主管表示赵女士当时是因为做事有“狼性”而被招募的，但没想到会是这样的结果。之后不到一年，赵女士就被辞退了。

招募销售员的时候，一般会找那些做事态度执着的，因为销售工作压力确实很大。但是执着不是销售员的唯一优秀素养，情商和智商是更重要的前提条件。销售是一个过程性的行为，讲究的是步步为营、随机应变。头脑简单的莽撞之人，即便再勇敢、再坚强也是不适合销售工作的。

高质量的成交行为应该是一个水到渠成的状态，甚至很多优秀的销售员在成交时是客户主动说：“你就看着安排吧，需要我准备多少钱你提前告诉我一下。”这不是神话，是很有可能出现的情景。因为双方谈到那个火候了，即便客户不主动要求成交，也不会拒绝销售员的成交提议。

案例

销售员：耿先生

基本情况：耿先生是资深销售员，是公司的销售冠军。最近耿先生一直带着徒弟拜访客户。一次，师徒二人拜访客户回来，徒弟问耿先生：“师父，咱们谈了两三个小时，气氛也很不错，您为什么没有提成交呢？”耿先生只说了一句：“火候不到。”徒弟很纳闷，耿先生说：“看来你没认真听我们说话呀。这个客户很健谈，喜欢主导谈话，但是他是没有主题的聊天。谈了两个半小时，前一个半小时都是他在扯东扯西，这是不能打断的。我只能一点一点通过提问题慢慢把他引向主题，其实最后只谈了不到一小时正事，他就下班了。”徒弟说：“我明白了，您要请他吃晚饭，就是想趁热打铁，可惜他有安排了。那就这么算了？”耿先生说：“可以再去拜访他，继续谈。但是，今天无论如何也不能在没有谈到位的情况下，草率地提出成交，那是肯定不行的，不仅不会成交，也不会再有后面的机会。”

耿先生是一个明白人，不愧为销售冠军。提问、激活、满足，一定要将这几个动作做到位，要让成交自然而然地发生。

二、逼单行为不仅难以成功，还会带来无穷后患

逼单是什么意思？没有权威的定义，也不需要什么权威的定义。顾名思义，逼就是逼迫、强迫、给压力，单就是要成交，逼单就是逼迫客户成交。逼迫能促进成交吗？当然能，能促进成交的办法很多，那为什么不揍客户一顿呢？打到他签单为止。可这是做生意呀，被逼迫一定是不愉快的，成交与否都是不愉快的，这都是恶性的，不仅会毁了生意而且会毁了行业的口碑。

销售员之所以会选择逼单这种下下策，根本原因是前面没做好铺垫，跟客户提出签单的时机把握有问题。提得太早了，没到火候。这里说的早或晚指的不是沟通的时间长短，而是状态。有的销售员也许几句话就到了成交的火候，有些销售员也许就一直到不了成交的火候，这要看销售员的沟通能力。没到火候就掀锅盖，那一定会做成夹生饭。这时候提出成交，客户不签单，销售员也不可能倒车从头再来一遍，就只能结束交易。可是销售员不甘心，于是，就有人教他逼单。

案例

销售员：陈先生

基本情况：销售员陈先生是新手，干了快3个月了，连一单都没谈成，再这样下去很快就要被淘汰了。这时候有一个老销售员给他出主意，让他去逼单，教他给客户来一个道德绑架，对客户说：“您看咱们联系这么久了，您这边对公司和产品也都很了解了，不瞒您说，我现在一单都没成，就差您这一单，不然我就会被辞退了，这对我至关重要，请您救救我，我一定为您提供最好的服务，咱们现在就定下来吧。”结果如何？他被客户赶出来了，而且还被投诉了。

客户不签单就是前端做得不好或者不够，其实，到这时候销售员基本上已经把这单生意搞砸了，可是有的销售员还在往恶性里走。难道让客户说再也不想见到你？此时客户心里必然是反感至极。性格软弱或者有修养的客户会迁就敷衍着销售员，性格刚烈的客户也许当场跟销售员发生冲突。客户要是说我还有事不方便继续聊了，甚至翻脸，那怎么办？销售员也跟客户翻脸？那岂不是连再谈的机会都没有了？

案例

销售员：于先生

基本情况：销售员于先生做的是英语口语班的招生工作，这是2000年发生的事情，有一天，一对中年父母“杀”到教育机构，要找于先生算账，说他骗了自己女儿500元钱。其实于先生是在女生还没下定决心成交的时候，利用“优惠期即将结束”的说辞，逼迫女孩交了500元定金。女孩的父母声称女儿刚上大一，还未满18岁是未成年人，这500元是孩子一个月的生活费，闹着要报警。最终，公司只好以退钱、道歉收场。

早些年，这种逼单是有效果的，那时候，消费者也不成熟，一般人还停留在碍于面子的状态，不好意思翻脸，再加上有些人本身意志薄弱，被逼签单的事是可能出现的。但是，逼单成交的后遗症是极其严重的，女人签单老公打上门来的，男人签单老婆打上门来的，孩子签单父母打上门来的，父母签单子女打上门来的，比比皆是。这还不算最严重的，最严重的是口碑受损，不仅是某个企业、某个行业，甚至是销售工作这种职业的口碑都会受损。

那么，销售工作中就等着客户主动要求成交吗？当然不是，客户通常会有达到成交火候的表现，但绝大部分客户都不会主动说出“咱们签约吧”这样的话。销售员对于成交是可以有促进行为的，也就是促单，这跟逼单完全不是一个意思，从字面上就能看出来。促单的行为很多，比如，销售员觉得火候到了，此时客户表现出认可，也没什么异议和犹豫的状态下，就是常说的“临门一脚”的时候，销售员就可以直接跟客户说：“那咱们今天就把合同签了，您也好尽早解决问题，享受福利。正好我手里还有最后一个优惠名额。”优惠期限之类的可以作为辅助价值，但不要用来要挟客户。总之，成交就是要顺理成章，水到渠成，不要做得吃相太难看。

在经济发达的国家，销售领域几乎聚集着最顶尖的人才，然后才是科学、经济、政治等领域。比如，金融、房产等高端领域的销售员，基本上都是以顾问的角色出现，一般都是做过多年的教师、律师、会计师等，都是有着丰富的职业经验和人生阅历的人，这对于共情有着巨大的帮助。销售岗位对人的要求是很高的，销售员不仅要有胜任能力还要有强烈的意愿和积极的态度，在我国市场经济的初期，这样的人很少，企业找不到就降低门槛，于是业内鱼龙混杂，便生出各种旁门左道。随着我国市场经济的发展和成熟，这一切已经有了很大的改观，相信会渐渐走上正轨。

三、轻松地消除客户的异议和顾虑

当一个销售员听到客户提出异议时，心里应该是高兴的。俗话说“褒贬是买主”，只有想消费的客户才会花心思考虑产品哪里不好，异议是客户已经投入交易的信号。销售员必然是对产品更加了解和熟悉的，销售员还经过了公司的培训，就更加专业。而客户是第一次接触产品，所以他们的看法很可能比较肤浅。此时，销售员一定要克服本能，千万不要与客户辩论。更重要的是，不要表现出轻蔑的态度，表情并不容易控制，很可能下意识地就流露出来。销售员不仅不能轻视，甚至要赞扬、鼓励，赞扬和鼓励的不是异议，而是客户投入的态度。比如，对客户说，您绝对不是一般人，很少有客户问出这么到位的问题。或者说，一听您就是行家，您提的这个问题比较专业……

对于客户异议的具体处理，要分情况。

如果是误会和不够理解，销售员要做的就是讲解，只要讲明白了，异议也就消除了。但一定不要说您怎么没听明白呀。而是要说都怨我没给您说明白。建议边说边拿纸笔写下来、画出来，因为有的客户记忆力和逻辑思维较差，这样做有助于他们的理解和思考。同时，当面写下来的东西也很难赖账，可以作为证据。

如果客户的疑虑是事实，也有一定的道理，那么，销售员就一定要承认并接受客户的观点，同时，要为客户分析取舍的各种因素，帮助客户做出更合理的选择。

案例

销售员：汪女士

基本情况：销售员汪女士销售的是电动汽车，某客户觉得电动汽车还不成熟，有很多问题。那么，电动汽车的缺点汪女士是必须承认的，但是，客户的车牌在等摇号，好几年也没摇上，又很想有辆车开。汪女士说："是的，电动汽车还有很多地方需要完善，但是，这电动汽车买了就能上牌，马上就能开上路。而且，越来越多的人买电动汽车，也许哪一天饱和了，电动汽车也得摇号上牌了，怎么办？"你瞧，这紧迫感不是马上就来了吗？

如果客户觉得产品不够好，还有不尽如人意的地方。这时候，客户说的通常都是事实，不要狡辩，大大方方地承认就好，销售员要跟客户统一观念，就是要抓主要矛盾，不要因小失大。

案例

销售员：包先生

基本情况：包先生是一名电脑销售员，在为客户介绍某款电脑时，客户觉得这款电脑有点贵，包先生把电脑的三个机型的配置和价钱列出来进行比较。此时客户也发现，最便宜的那款配置是非常低的，中间那款，价钱贵了30%，但配置提高了50%，而最贵的那款，价钱贵了50%，但配置提高了80%。所以客户最终还是选择了最贵的那款，因为那款最划算。

如果客户觉得贵，即便销售员觉得一点都不贵，也不能反驳客户。因为贵不贵是主观的感觉，没有标准。最简单的办法是把同类产品列出来，贵不贵一比较就知道了。而且贵也不是什么绝对的缺点。面对嫌贵的客户，法宝就是性价比。对于消费，价钱从不是关键，性价比才是。贵怕什么？物超所值就可以。便宜就好吗？不也得看看值不值吗？

同时，销售员必须提前做好准备，对于所有可以提供证据就能解决的异议，要提前把证据准备充足。这不仅很高效，而且会显得很专业，这样更容易获得客户的信任。

另外，就是要选对客户，不是目标客户就不要白费力气。选不对客户往往会出现很多毫无价值的麻烦，比如，客户没有达到那个消费层次，怎样都说不到一块儿去。或者找各种借口，如没有决策权，没有足够的钱。那还跟他谈什么呢？

四、不要忘了成交后的安全措施

成交的前提是客户做出决策，做了这个决策之后就要花钱，花钱就会失去这些钱。当然，失去这些钱能换来好处，这也是消费的目的。但是，花掉任何一笔钱都是有风险的，所以花钱这个行为天然就带着“风险感”。这是不理性的，即便再清楚花钱能换来什么，再心甘情愿，再信任销售员，“风险感”也会随着签约油然而生。这时候，销售员最忌讳的就是签约完成后，转身就走，因为这个时间段正是客户“风险感”最强的阶段。而且，这样的行为跟骗子太像了，骗子不就是这样吗？转身不见了，就再也联系不上了。

案例

销售员：杨先生

基本情况：销售员杨先生跟客户签约，一切都很顺利，签约完成，杨先生就与客户告别了。正好笔者去拜访这位客户，没聊几句就发现这位客户有些心不在焉。一问原来是刚刚签了约，笔者让客户把杨先生叫回来，就说对他们的项目很感兴趣。杨先生马上就赶回来了，三个人聊了一下午。杨先生走后，那位客户感觉好多了。

什么情况？就是销售员走得太急了，让客户感到不安，客户也未必就清楚是怎么回事，就是不安，笔者让客户把销售员叫回来，无非就是缓解这种不安。让杨先生陪着客户聊天，直到这种不安慢慢地消失，这本是销售员应该在客户签约后主动做的。合格的销售员在客户签约之后不应该马上离去，而是应该留下来跟客户继续交流，最好是畅想一下本次消费换来的那些价值，要尽可能地具象，因为越具体就越真实。还可以跟客户聊一聊其他客户的案例，这也可以大幅降低客户的“风险感”。优秀的销售员甚至可以安排跟客户吃个饭，因为最基本的生理行为可以给人以最基本的安慰。

销售员在签约完成后绝不能马上离开，签约之后的日子里，也不能对客户置之不理。那种“风险感”带来的不安不会马上烟消云散，只会一点点地消失。所以，销售员要隔三岔五地跟客户联系，告诉客户我们还在，还在，还在……跟客户联系的内容并不重要，与业务相关的都可以。我们知道销售员很忙，但是，客户是财富的源泉，客户的消费不仅是这次，还有下次，更可能转介绍新客户。客户的消费是有惯性的，销售员让客户感觉越好这个惯性就越大。客户常年在某一家消费从不是什么天方夜谭的故事，几十年的老用户哪里都有。

总之，签约之后，不仅要当场稳住客户，而且过后在与客户保持联系的同时，还要开发客户继续消费和转介绍新客户的可能性。

第四章

共情，改善客户体验

随着市场竞争的日趋激烈，当市场从卖方市场转化为买方市场时，绝大部分企业会主动地从“以产品为中心”转型为“以客户为中心”。于是，客户体验的概念就此诞生，所谓客户体验，就是客户在消费过程中的感受，客户体验质量不高就是客户在消费中的感觉不好。同质比价，那同质又同价时比什么？比感觉！感觉不好，客户就不买或者不再买。对于客户来说，销售员的行为和状态占了客户体验的大部分。销售员势必要在销售工作的每一个细节上尽可能地为客户提供更高质量的体验，而这些高质量的客户体验是离不开与客户共情的。销售员唯有持续提升共情能力，将客户体验做得尽善尽美，才能让客户欣然消费且反复消费，甚至介绍新客户消费。

第一节 客户体验增效法：让客户获得优质的消费体验

“共情式”销售最在意的就是客户的感受，销售员能够做到与客户共情是为客户提供良好感受的基础。客户体验是客户在消费过程中的整体感受，包括消费过程中方方面面的感受和消费过程中任何细节上的感受。调查的数据显示，近 80% 的销售员认为自己为客户提供了良好的客户体验，可在客户群体中觉得感受良好的人连 10% 都不到。所以，销售员在客户体验方面还有巨大的提升空间，而客户体验增效法为销售员提供了非常有利的工具。

一、客户体验就是客户的消费感受

客户体验到底体验了什么呢？产品的质量？服务的水准？其实远不止这些，可以说只要与客户产生了交集，那么这个交集内所有的事情都可以产生客户体验。对于销售员来说，从第一次见到客户，就开始提供客户体验了。而在与客户结识之后的整个交往过程中，销售员时时处处都在继续提供客户体验。客户体验的评价也很简单，客户感觉好就是客户体验好，客户感觉差就是客户体验差。

案例

客户：邹先生

基本情况：邹先生购买了一辆某品牌新款轿车，不到一个月，赶上下大雨，发现汽车天窗漏水。商家不予退换，维修效果差强人意，几经周折，甚至起诉，仍然维权困难。邹先生身心俱疲，客户体验差到了极致。

客户最基本的感受来自产品的质量，质量不好就相当于诈骗，客户的消费行为都是基于某种品质的承诺才发生的。质量不好，不仅影响客户使用的感受，而且还会让客户产生被欺骗的愤怒。

案例

客户：李先生

基本情况：李先生网购了一个小沙发，这种货物为了物流方便，都是拆成散件打包在一起发送的，客户收到快递后需要自己安装。结果，李先生收到货物后，用了一个多小时也没能安装好。其间，跟商家电话沟通了好几次，还是不行，最后不仅退货退款，还给了差评。后来，李先生从另一个商家网购了一个沙发，这次货物到手后，李先生十分钟就装好了，于是给了五星好评。

在大家的印象里，客户体验很大程度会集中在产品的使用感受上，比如，沙发坐着舒服与否、颜色款式如何，饭店菜品质量好坏、服务员的态度怎样等。其实，客户体验远不止这些，购买的过程也很重要。比如上述两个沙发，李先生说：“你相信吗？我作为一个机械工程师，用了一小时都没装上。其实沙发设计得就有问题，一大堆配件，尺寸还不标准。我买的第二个沙发就两个构件，外加四个腿，不到十分钟搞定，好评差评还不是自己造成的。”

案例

销售员：张先生

基本情况：张先生销售的是办公用品，没想到最近被投诉了，投诉他的客户是学校，投诉的原因竟然是因为头发的颜色。

张先生一直接触的是企业客户，最近才被安排接手学校客户，没想到刚一开始就被投诉了。投诉的原因竟然是因为张先生的头发是棕黄色的，学校负责采购的老师说张先生染黄色头发不像正经人，不适合出现在学校。其实张先生的发色是天生的，从小就是这种颜色，真是冤枉。领导让张先生把头发染成黑色，张先生没同意，于是只能换人去接洽学校客户了。事后，同事们不禁感慨，看来这客户体验真的是从头开始呀，一见面，客户就开始体验了。

客户体验的好坏通常只有三种因素，即直接因素、过程因素和关系因素。这三种因素都很重要，都需要关注（见表 4-1-1）。

表 4-1-1 客户体验三因素

类型	客户体验不佳的原因
直接因素	因产品的质量不佳而使客户未达到预期和感觉被骗的情感伤害
过程因素	因消费流程产生的任何使客户不愉快的感受
关系因素	销售员与客户的关系出现问题而使客户不愉快

一直以来，无论是商家还是销售员最重视的都是产品的质量，因为这是客户体验最直接的因素。客户花了钱，却没有达到预期的效

果，必然是很不好的感觉。不仅如此，客户还会有被愚弄和欺骗的感觉，这很可能让客户更愤怒。

不过，即便质量极好的产品也可能出现过程性的问题，即客户在消费的过程中出现不愉快，主要原因包括尊重和无形成本两个方面。在消费的过程中，尊重的问题是与所有参与销售工作的人员都有关系的，销售员、送货人员、安装人员、现场服务人员以及售前、售后的客服人员等，每个人都有可能给客户造成不好的体验，当然其中的每个人也都有机会让客户感受到好的体验。无形成本说的是客户在消费中额外要付出的行为成本，路程、体力、精力、时间、耐心等，如果这些付出得太多，让客户觉得不值，则客户体验的好感度会直线下降。

客户体验就是客户的感受，销售员要站在客户的立场上，切身地体会客户的感受，感同身受才能做到真诚以待，才能让客户得到更好的体验，客户感觉好才是真的好。

二、客户体验首先是客户对销售员的体验

客户体验不是什么新概念，自古就有，只不过说法不同。比如，人人都知道的“做生意求财不求气”，说的就是做生意是为了挣钱，不要因为与客户产生争议而失去生意的机会。这就是重视客户体验的表现，销售员跟客户争吵，即便有理，即便赢了，但客户的体验差，客户可以不买，转身就走，甚至到处败坏企业的名声。如此，销售员不仅是白搭时间和精力却没做成生意，而且还传播了恶名，实在是不划算。

客户体验差的原因出自直接因素、过程因素和关系因素三个方面，其中关系因素看似是对客户影响最小的，质量没问题，消费的过

程没问题，客户体验也就没问题了吧？其实，很可能有大问题，问题就出现在销售员与客户的关系上。客户对产品和消费过程的体验是基础体验，对销售员的体验是高级体验。

案例

客户：林女士

基本情况：客户林女士最近买了一份大额保险，不过她没有通过熟悉的保险销售员孙女士购买，而是找了一个并不熟悉的保险销售员。

林女士跟保险销售员孙女士认识很多年了，不算闺密也算好友了。林女士说："我根本没考虑她。因为她就是让人很不舒服的一个人。"笔者问怎么个不舒服？林女士说："比如，她说，你也不漂亮，怎么才干了半年直播就有了十万粉丝呢？"听到这笔者就明白了，是客户体验差，跟产品一毛钱关系都没有，是孙女士作为销售员给准客户林女士的感觉不好。说一个女人不漂亮，还是当面直说。估计绝不止这一件事，也不止对这一个人，而且是无意识的，这就更严重了。

案例

销售员：马先生

基本情况：销售员马先生为了销售一个金融项目，去拜访一位农民企业家。想拜访这位企业家的人很多，根本约不上，只能在他山庄的接待处蹲守。马先生知道这不是个好办法，但也没有别的选择。等了一上午也毫无机会，下午三点了，正在百无聊赖的时候，马先生见到了一个老太太带着一个四五岁的小男孩在花园里玩耍。哄孩子也是需要技巧的，他跟那孩子快乐地玩耍了一会儿，就拿到了第一手信息，这个小男孩是企业家唯一的孙子，而且今天过5岁生日，今晚就在山庄开生日派对。当时已是下午四点半，马先生立刻出发，驱车奔向50千米外的县城，购买生日礼物，再晚商场就全关门了。到了县城，马先生花了1000元，买了商场里最贵的一辆遥控汽车。回到山庄已经是六点多了，马先生把礼物交给接待处的人就走了。刚刚走出去不到20千米，就有一辆汽车从后面追上来拦住了去路，原来是企业家派人追马先生回去。马先生再三推脱不过，回到山庄，企业家拉着马先生的手说，你这人可不一般呀，我要交你这个朋友。

企业家的话有多重意思，一方面是感动，爱他最喜爱的就是跟他共情，这是最好的感受。另一方面是江湖道义，怎么能怠慢送礼的人。还有就是这么多人等着见他，只有马先生找到了机会，他看到了马先生与众不同的价值。客户的表现说明他得到了最好的客户体验，马先生不愧为销售员中的翘楚。

客户体验中，关系因素是非常重要的，也是很容易被忽略的。销售员的一言一行、一举一动都会对此有所影响，可能会为客户体验加分，也可能会为客户体验减分，效果如何就看销售员怎么做了。

三、客户体验第二步是客户对消费过程的体验

消费过程的客户体验经常被忽略，销售员应该马上重视起来，因

为客户在真正接触到产品之前，就已经开始消费的过程了。大家都知道，消费过程的客户体验大概率会在两个方面出问题，一方面是对客户的尊重，另一方面是无形成本。

在客户的消费过程中，出现不够尊重客户的问题，主要是因为销售员对客户不够重视。无论是因轻视而忽略客户的感受，还是以己度人地认为自己所做的安排足够让客户满意，都是愚蠢而错误的。尤其是不要在消费过程之初，就留下不好的第一印象。这很可能造成客户在之后的消费过程中，产生各种挑剔，也许会愈演愈烈，最终不可收拾。要知道，挽回不好的第一印象是极其困难的一件事情，也许需要极大的额外付出才可以做到。

案例

销售员：王先生

基本情况：王先生是养老社区的销售员，养老社区的入驻名额价值数百万元，是非常昂贵的。能够住进养老社区的客户一定是实力雄厚的。王先生通过努力组织了5位准客户去体验养老社区，整个旅程需要三天两夜。当客户们在机场集合的时候，大家发现王先生还带了一个人，这位中年男士身材高大且文质彬彬，经介绍才知道，是王先生的朋友李医生，现在就职于某知名私立医院，这次跟大家同行。谁不愿意有一位医生一路相伴呢？大家都很高兴，纷纷夸赞王先生不愧是最懂养老产业的，真的很专业。

其实，这一批客户都还不能算老年人，他们只有50岁左右，身体也都比较健康。但是，王先生邀请李医生参与进来，达成了很好的效果，大家看到的是王先生的用心。事实上，李医生也是客户，到了机场才介绍给大家认识，就是要给客户们一个惊喜。表达对客户的尊重，销售员并不一定要为客户花更多的经费或者给客户更高规格的待遇，而是要用心和关注，对客户的尊重最好是体现在针对客户提供个性化的消费流程安排。当客户体会到销售员在消费过程中处处为自己着想的时候，自然会感到尊重和重视，良好的客户体验就这样产生了。

在消费的过程中，如果让客户付出过多的无形成本，而得到的收益并不能让客户感觉到物超所值，那客户必然会不愉快。也许路途遥远，也许过程劳累，也许很耗时间，也许需要等待……这通常是产品设计上的缺陷，甚至根本没有考虑到这些无形成本。这是严重错误的，一定要改进。如果销售员遇到这种情况，当然不能置之不理，而是要巧妙地化解。要知道销售员是直接面对客户的，客户所有的不满都会直接反射到销售员身上。这样销售员损失的就不仅是客户，还要承受客户的不满情绪。

案例

销售员：霍先生

基本情况：霍先生是小众高端旅行团的销售员，这种小型的旅游团，旅游线路是定制的，一般 5 人左右，采用一人全程负责制，霍先生既是销售员也是导游。在定制线路的时候，霍先生指出了一些不合理的安排，比如会出现五六个小时的车程，这样大家会很无聊，但客户坚持，也就那样定下来了。结果在路上，当大家想着怎么打发这无聊旅程的时候，霍先生主动带领大家做起了游戏，狼人杀玩得不亦乐乎，卡拉 OK 唱个不停，时间很快就过去了，大家甚至还意犹未尽，相约晚上继续。

明明是客户自己选的路线，旅程寂寞又怨得了谁呢？但是，霍先生没有放弃，他费尽心思地想办法避免客户产生不好的体验，这就是优秀的销售员。试问，即便这寂寞的旅程是客户自己选择的，但是不好的体验还是产生了，客户一旦产生不愉快的情绪，是谁的错还重要吗？业绩好的销售员往往都会主动把事情做到更好，这就是积极的态度。如果处处都是差不多就行，反正也不怪我，慢慢地机会就会越来越少，这就是消极的态度。销售员应该是客户体验的掌控者，良好的客户体验就藏在销售员积极主动的用心和关注里。

四、客户体验最后才是对产品质量的体验

能够给客户良好体验的产品一定是设计出来的，但是，任何产品都是在销售的过程中和客户不断的反馈中，逐渐改进才变得越来越完善的。在这件事情上，销售员要做到的是持续地主动收集客户的不满，然后反馈给设计部门进行改进。因为设计人员并不直接接触客户，很多时候是凭着流行趋势、想象和个人好恶做出的设计，所以，销售员从客户那里得到的第一手反馈信息是最珍贵的。

案例

销售员：程女士

基本情况：程女士是私人订制服装机构的销售员，她的业绩很好，程女士经常能够跟客户成为好友，她常做的事情就是向客户征询对所订制的服装有什么意见，无论是面料还是款式，抑或是做工和量体、试衣的体验，她都会不厌其烦地了解。然后把客户的想法反馈给设计师，以便改进。私人订制的服装价

格不菲，客户花了大价钱自然要有相应的好品质。好的品质不仅是质量，还包括能让客户满意的款式和风格。这些默契都需要与客户进行磨合，程女士的客户黏性都很大，常年给她提供订单，就是因为程女士太了解客户了，客户的体验很好，也省去了很多沟通成本。

一方面，销售员越是了解客户的感受，就越能反馈给设计师更有价值的信息，改进后的产品也就越能满足客户，也就越好卖，这是一个良性循环。不仅如此，因为人性的本能是趋向于享受，而逃避麻烦的，所以，销售员为客户做得越多，客户自然就越依赖销售员。销售员与客户的深度交流能够提高客户黏性，客户无论是对产品的依赖，还是对销售员的依赖，都是极具价值的工作成果。

另一方面，如果产品确实存在瑕疵，肯定也不可能马上解决，那么销售员就要用自己的行动来弥补，这依然可以保持客户良好的体验感。同时，销售员还很可能因为额外的付出而获得客户的好感。

案例

销售员：张女士

基本情况：张女士是展会的销售员，因为大量的客户会在同一时间段到来，所以，在展会期间经常会出现酒店不够用的情况，于是，就会有客户被安排到距离会场较远或者条件差一点的酒店。客户肯定是不满意的，但也真的是无能为力。张女士每次都会为客户安排一份水果，还有一张致歉的卡片放在床头。客户也知道展会常出现这样的情况，再看到张女士的心意，也就不计较了。

在销售工作中，不厌其烦地解决客户的各种问题，正是销售员给予客户良好体验的基本操作。常言道，事在人为，一个优秀的销售员必定会在自己的岗位上想尽一切办法把工作做好。

第二节 惊喜式客户满意法：打造感动级别的客户体验

共情式销售是销售的高级模式，更关注销售员与客户的心理因素和情感层面的交流。客户满意是一种心理反应，是客户主观的判断。客户满意取决于消费的实际效果和消费预期的比较，当实际效果达到预期时，客户就会满意，否则，就会不满意。通常意义上的客户满意并不是很高级的感受，客户付出了消费成本，消费的预期也是提前跟销售员达成一致的，那么，客户得到预期的效果不是必需的吗？所以，通常所说的客户满意只是及格线而已，如果问题严重达不到及格线，那客户就不只是不满意这么简单了，愤怒和悲伤的情绪往往会让客户与销售员产生严重的冲突。

对于销售员来说，没有最好只有更好。在销售工作中，销售员是可以让客户更满意的，也就是说，销售员通过自己的努力，有可能做到超过客户的消费预期，客户就有可能更满意。如果一定要把满意分出级别，那么最少可以细分为四种，即普通满意、比较满意、非常满意和超级满意（如图 4-2-1 所示）。

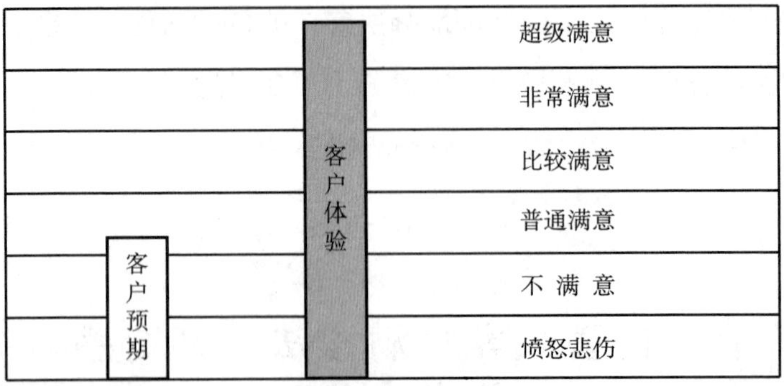

图 4-2-1　客户满意程度与客户预期

普通满意就是达到了客户的消费预期，此时，客户会表现得相对平静，这不是应该的吗？有什么可值得高兴呢？但毕竟是达成了，客户多少也有点高兴。比较满意是指小幅度地超过客户的消费预期，此时，客户会表现出相应的小幅度高兴的情绪，得了额外的好处，虽然不大，但还是开心的。非常满意是指较大幅度地超过了客户的消费预期，此时，客户会表现出相应的强烈高兴的情绪。超级满意是惊喜式的满意，是指超出常人想象地、极大幅度地超过客户的消费预期，此时，客户会表现出极度兴奋和高兴的情绪，这是感动级别的客户体验（见表 4-2-1）。

表 4-2-1　客户满意程度解析

类型	普通满意	比较满意	非常满意	超级满意
满意程度	达到了客户的消费预期	小幅度地超过客户的消费预期	较大幅度地超过了客户的消费预期	超出常人想象地、极大幅度地超过客户的消费预期
客户表现	客户表现平静略微高兴	相应的小幅度高兴的情绪	相应的强烈高兴的情绪	极其兴奋和高兴的情绪，这是感动级别的客户体验

销售工作本就是一种创造性的工作，而创造性的行为是需要动脑筋的，是要自讨苦吃的，这就需要销售员拿出主动性。让客户满意

是销售员的职责，让客户拥有更加良好的体验是销售员终生追求的目标。

一、客户普通满意只是客户体验的及格线

目前，有很大一部分客户的消费体验都是在满意与不满意的及格线上挣扎，这里面的因素很多，包括质量问题、消费过程的感受、客户与销售员的关系。但是，让客户达成消费的预期，也就是普通满意，是销售员最起码的职责和义务，这也是销售员的及格线。如果长期连及格线都达不到，那么，销售员就无法在行业内生存下去了。

案例

销售员：吕先生

基本情况：吕先生是保险销售员，吕先生的客户群是自己周边的缘故人群，就是以亲戚、同学、朋友为主的熟人人群。对于保险产品的客户来说，只有出了险，才真正谈得上是否满意。但是，从事保险销售工作几年以后，吕先生发现自己越来越难做了。

原因很简单，为了完成业绩，吕先生在客户面前做了一些虚假的承诺。世界上没有免费的午餐，保险公司也不是慈善机构，每种保险产品都不可能让客户只占便宜不付出代价，也不可能给予无限的保障。于是，签约一时爽，理赔闹翻天。当吕先生的一些口头承诺不能兑现时，客户肯定就不满意了。吕先生的客户群体以缘故人群为主，人际关系是比较集中的，正所谓好事不出门，坏事传千里。于是，吕先生的口碑就迅速崩塌了，甚至很多客户找到他质问，要退保并让他弥补

损失，如此，这保险销售工作还怎么能继续干下去呢?

吕先生就是典型的饮鸩止渴的行为，虚假承诺必定自食其果。客户消费时，达不到承诺的预期效果就是不及格，客户肯定是不满意的。退货、投诉、拒绝再次消费、不给转介绍客户是肯定的，而且客户还会传播销售员和企业的负面口碑。吕先生属于咎由自取，只能吸取教训，从头再来了。

二、客户比较满意才是优质客户体验的起点

比较满意是略微超出客户的预期，也就是在基本的承诺之外给客户一些微小的利益。这样客户会得到预期以外的收获，必定会感到高兴。这些额外的利益通常并不大，但属于客户的消费预期之外，客户自然会因此而更满意，而满意提升的程度跟额外利益的大小有直接关系。

从销售员的角度来看，为客户提供超出预期的价值分为有形价值和无形价值。有形价值主要是赠品，多数公司都会给客户准备赠品，有时销售员也可能自己为客户提供赠品。赠品通常不是价值很大的东西，更多的是表达一下心意，但效果却出奇地好。

案例

销售员：谭先生

基本情况：谭先生是那种人缘极好的销售员，除了情商超高，谭先生还是一个善用赠品的高手。谭先生汽车的后备箱里装满了各种各样的小礼品，从一元一瓶的矿泉水，到几百元一两的茶叶应有尽有。谭先生说："人们都会为额外的好处而感到

高兴，我经常在网上淘一些物美价廉的小礼品，用在现实工作中效果非常好。比如，我到一个地方停车或者找人，保安的配合就很重要，一瓶水就能让保安大哥很开心。又如，见了客户大领导，我送一两茶叶给他尝尝，这很容易接受，但也价值500元，那可是5000元一斤的茶叶，品质没的说。更多的礼品是一些好用的小文具，因为价格不贵，客户也没有心理负担，很容易接受，也很容易高兴。久而久之，我的客户满意度也就不知不觉地越来越高了。”

提供有形的价值，成本是很受限的，价值空间也不大，但是无形的价值却有无限大的空间。比如，有很多行业对销售员的形象有很高的要求，就是要给客户留下额外的好印象。又如，关注老年人、残疾人、孕妇、母婴等客户群体，为方便他们额外做出各种照顾的行为等。

案例

销售员：秦女士

基本情况：秦女士是金融产品的销售员，她的业绩和客户满意度都算是同行中的佼佼者。在调研中发现，秦女士除了在业务能力和业务知识上很优秀，还有一件事做得比同行好很多，就是个人形象。秦女士绝不属于什么大美女，不过她的气质还是不错的，看上去很知性的样子。在日常的销售工作中，秦女士非常注意自己的形象，从来都是衣着不俗，各种配饰与自己的身份也是相得益彰。大家见到秦女士的第一反应都是眼前一亮，这给客户带来了额外的好感觉，虽然只是一点点下意识的好感，但是依然提升了客户的满意度。

人首先是感性的，其次才是理性的。客户就是普通人，得到额外的好处也会高兴，哪怕是很小的好处。给客户的好处可以是有形的，也可以是无形的，越是无形的好处越可以任由销售员发挥、创造。

三、客户非常满意是销售员应该达到的客户体验评价

非常满意是比较少见的情况，因为提供更大的额外价值是更难的事情。尤其是公司层面，很难让出更多的利益给客户额外的好处，所以，达成非常满意的效果还是要看销售员的所作所为。销售员在与客户接触的过程中，应该主动地培养自己的“额外价值”意识，要经常问自己，我能为客户提供什么额外的价值？因为竞争是市场中的常态，如何在竞争中立于不败之地？那就一定要比竞争对手多做些什么。

案例

销售员：齐先生

基本情况：齐先生是机械配件的销售员，销售的主要产品是轴承。有一次，一位做设备研发的客户急匆匆地找到齐先生，要买某个型号的轴承，可是这种轴承是比较特殊的型号，从下订单到货物运送至现场需要将近半个月的时间。客户根本等不及，客户说新的研发项目急等着用，越快越好。谁能马上供货，价格不是问题。这时候，无论是谁、无论去哪里订货都需要等半个月才能拿到货，这就是个死局。但是齐先生没有放弃，他日夜不停地想着如何能够脱颖而出。正所谓办法总比困难多，只有想办法才会有办法。经过认真仔细地思考，齐先生终于

发现了机会。这种特殊的轴承通常使用了一定时间就会被淘汰下来，而不是等到坏了才换。那么，大量使用这种轴承的企业肯定有很多换下来的二手轴承，这些轴承不是新的，但肯定还能用一段时间。于是，齐先生马上联系相关企业，以废钢铁的价格买下了一些二手轴承，当齐先生把轴承放在客户面前的时候，客户欣喜若狂，二手的总比没有强太多了，主要是时间不等人。客户本以为进入了死局，但是没想到能够这样轻而易举地解决问题，客户非常满意，为了表示感谢，客户不仅把全年的订单都交给了齐先生，而且还为他介绍了很多新客户。

要让客户非常满意，就一定要为客户做出较大的贡献。销售员没有多少权力和金钱，拥有的最大资源就是自己的智慧。齐先生就是做事坚韧、不轻易放弃的销售员，所以才能在无路可走的情况下找到出路，解决了客户的燃眉之急，大大地超出了客户的消费预期，客户自然非常满意。

案例

销售员：冯女士

基本情况：冯女士是一位保险销售员，有个女性客户是一位民营企业家，冯女士跟进她很久还是没有太大进展，一方面客户确实很忙，另一方面就是客户对冯女士还不太接受。冯女士的问题集中在如何让客户接受自己，经过思考和调查，冯女士发现客户的父亲已经故去，她母亲目前住在一家很不错的养老院。客户因为太忙，几乎一个月才去看望母亲一次。冯女士觉得这就是机会，于是，她开始以客户朋友的身份每周都去拜访她的母亲，也不买什么礼品，就是陪着老太太聊天，每次都把老太太哄得很开心。时间长了，老太太很高兴，总跟女儿念叨冯女士。就这样，客户不知不觉地接受了冯女士，有时候两人还在养老院遇见。终于有一天，客户对冯女士说：“你以前跟我说的那个什么雇主责任险，再给我讲讲吧。”从此，冯女士成了客户的好朋友，也几乎包揽了这位客户所有的保险业务。

冯女士是一位优秀的销售员，当别人都在感慨陷入绝境而怨天尤人的时候，她在努力地想办法。冯女士相信自己能够把不可能变成可能，这种积极的态度对于销售员来说是最难能可贵的。

销售员是销售工作的主导者，是交易成功的保障者。一个精通业务知识且善于与客户沟通的销售员只能算是合格的销售员，却不能算是优秀的销售员。大多数销售员是不够积极进取的，在销售工作中，有些方面是压力更小的，比如学习专业知识、练习沟通话术。销售员不停地在这些压力更小的领域努力，其实是一种逃避。练习基本功是对的，但只练习基本功又怎么能做好销售工作呢？还要在基本功以上做出创造性的价值，才能给客户更好的体验，让客户持续地消费。

四、客户超级满意是销售员要努力争取的更高境界

能做到让客户超级满意的销售员和商家少之又少，如果客户能够感到超级满意，那么一定是收获了超级的价值，是意想不到的价值，就是惊喜。只有这样客户才会感动，才能产生巨大的黏性，牢牢地黏住客户，让客户不断地消费。这种事情靠给客户有形价值是绝对不可行的，那得给多少才能让客户惊喜？所以，还是要把注意力集中在给

客户无形的价值上。

案例

客户：爱吃火锅的客户群体

基本情况：海底捞火锅店是非常有名的，去海底捞吃火锅是需要排队等待的，客观地说，海底捞的火锅品质只能算合格，绝对算不上优秀。人们喜欢去吃海底捞，并不是因为海底捞的味道就比别家火锅好，主要是因为海底捞的服务绝对地、超大幅度地超过了客户的预期，他们给了来吃火锅的客户原本想都不敢想的待遇。

比如，海底捞是唯一允许顾客自带食材的餐馆，这也是其他餐饮公司难以跟海底捞竞争的一点。在海底捞排队等位一点都不会感到无聊，他们会为顾客免费做美甲、擦鞋，当然还有免费的零食和水果。家庭聚餐时，如果顾客带了小孩，就很麻烦，这不是提供一个宝宝椅就能解决的。孩子得有人带，一般都是牺牲至少一个人享受聚餐的机会。而海底捞不仅安排了儿童游乐区，还安排员工为顾客看孩子，又准备婴儿床，如果孩子困了，还能睡个好觉。这谁能想到呢？意外不意外？惊喜不惊喜？

就在所有的餐饮业思考如何标准化的时候，海底捞想的却是如何感动客户？比如，演唱会结束后，大半夜歌迷们打车难、吃饭难，海底捞不仅不打烊，还直接派大巴在演唱会门口接人，并且在店内设置狂欢专区，让歌迷可以继续嗨……

海底捞为顾客提供的超级额外利益是惊喜，是情绪价值，是无法用金钱衡量的。

在客户体验这件事上，几乎没有比海底捞更经典的案例。海底捞的管理者是非常优秀的，海底捞的这一切惊喜并不是管理者设计的，而是群策群力，是所有员工共同创造的，为了鼓励员工积极发挥自己的才能去创新，海底捞设立了奖励的机制，只要员工的创新提议被审核通过并且推广，就能得到对应的奖励。于是，每个月总部都会收到来自一线员工的5000~6000条创新建议。海底捞把所有员工都变成了销售员，他们不断地用实际行动，把海底捞推广给客户。所以，客户们用一次次的重复消费和口碑传送，把海底捞推上了行业的巅峰。客户为什么要这样做？客户哪里来的动力？这一切都来自海底捞带来的一次次惊喜式的满意，来自海底捞带来的一次次让人感动的客户体验。

相信海底捞的故事会给所有销售员启发和灵感，大家都知道，创造是很不容易的，但是销售员可以搜寻别人的好方法，主动学习同行的好方法，甚至是借鉴其他行业的好方法，这就是学习的价值。销售员的思想应该是灵活的、开放的。销售员要“走出去”，就是走出自己的工作环境，去看看别人的做法。销售员还要“请进来”，把别人的好方法移植到自己的工作中。

第三节　性格特色分析法：找到客户性格的固有频率，达成优质的客户体验

在共情式销售的模式下，销售员不仅要把客户看作群体，也要把客户看作个体。对于销售员来说，客户不应是抽象的概念而是活生生的人。每个人都有自己的性格特色，销售员应该根据客户不同性格的固有频率，在销售工作中区别对待，要以一对一的共情达成更好的客

户体验。

美国心理学家威廉·莫尔顿·马斯顿博士于1928年提出了DISC理论，即将人的性格分为四个类型，分别是支配型（Dominance）、影响型（Influence）、顺从型（Steadiness）和稳健型（Compliance）（如图4-3-1所示）。

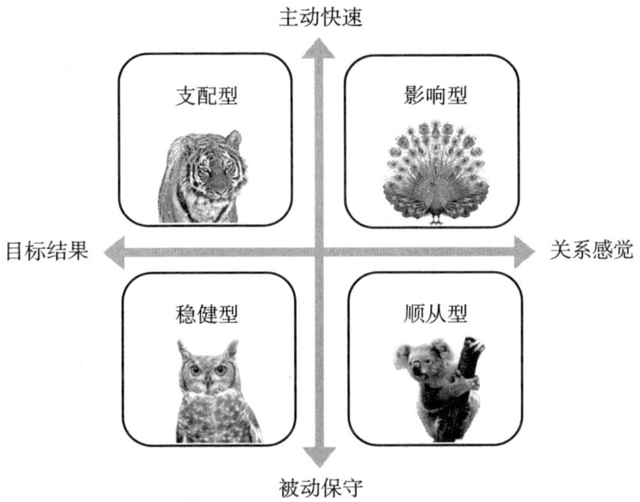

图4-3-1 DISC性格模型Ⅰ

其中，支配型的性格特色更趋向于主动快速和目标结果，这种性格的人往往被比喻成老虎，因为老虎是力量、权威、统治的象征；影响型的性格特色更趋向于主动快速和关系感觉，这种性格的人往往被比喻成孔雀，因为孔雀是格外喜欢表现和展示自己的；顺从型的性格特色更趋向于关系感觉和被动保守，这种性格的人往往被比喻成考拉，因为考拉是最温顺的动物；稳健型的性格特色更趋向于被动保守和目标结果，这种性格的人往往被比喻成猫头鹰，因为猫头鹰是敏锐和精准的代表。

在销售工作中，DISC理论是很有价值的客户分析工具。性格特色的不同会直接造成客户在消费过程中心理和行为的差异，销售员如果不能根据客户的性格特色及时调整对待客户的策略、态度及沟通方式，就很可能造成客户体验不佳，以致销售工作出现问题。相反，如果销售员能够及时根据客户的性格特色把控方向，找到客户的固有频率，主动与客户产生共情，就可以达成更优质的客户体验，从而大大地提高销售的成功率。

一、销售员如何寻找不同性格特色客户的固有频率，达成优质的客户体验

首先是支配型客户，即老虎型客户。

老虎是百兽之王，这样的客户最喜欢指挥别人，他们往往目的性很强，做事更在乎结果。他们更乐于冒险，喜欢新生事物。老虎型客户是最容易甄别的，他们通常自带气场，说话从不啰唆。一般都是工作中的管理者或意见领袖，最起码在家里是一家之主。老虎型客户一定会让销售员感到有压力，但老虎型客户决策会很坚决，不会拖泥带水，一旦决定成交就不会再纠结得失，他们付款也是最爽快的。

案例

客户：李先生

基本情况：李先生是一家大型民营企业的老板，咨询公司带着管理项目的方案来与企业的管理部门洽谈合作项目，这是与客户的首次接触，没想到李总也在。于是，咨询师与李总畅聊了一下午，咨询师解答了很多困扰李总的管理问题，李总对咨询师十分认可，当即拍板签约，完全没有讨价还价，并付了30%的首付。之后，企业管理部的经理无奈地对咨询师说：“那咱们就先结婚，后恋爱吧。”

针对老虎型客户性格的固有频率，跟他们沟通时，销售员不要绕圈子，直接切入就好。对于老虎型客户，销售员应该多准备几套方案，让客户自己选择，因为他们最在乎自己的掌控权。

其次是影响型客户，即孔雀型客户。

孔雀开屏就是要吸引他人的注意，孔雀型客户最喜欢社交活动，他们很喜欢与人分享。孔雀型客户都是喜欢聊天的，他们喜欢交朋友、表现自己、得到赞扬。孔雀型客户的优点在于接触的门槛很低，他们很愿意跟销售员交流，但这并不意味着他真的对销售员有多么感兴趣。

案例

客户：隋经理

基本情况：隋经理是某企业的采购经理，销售员几次拜访他，他都是滔滔不绝地嗨聊，销售员总是认真地倾听，但他就是不切入交易的主题。后来，销售员改变策略，采取一夸二问的方式，就是不断地根据隋经理嗨聊的内容夸赞他，孔雀型的客户很吃这一套，等到隋经理得意忘形之时，主动提出签约要求，同时降低难度，只求零的突破。果然效果明显，终于签下一个小单，实现零的突破。

针对孔雀型客户性格的固有频率，销售员千万不要急于开始销售行为，一定要先跟他们聊天，不要打断客户，要让他们说够，多赞扬他们。孔雀型客户本身是不喜欢决策的，他们最会跑题，所以，销售员要把握谈话的方向。不过，孔雀型客户是更感性的，他们很可能因冲动而做出决策。

再次是顺从型客户，即考拉型客户。

考拉型客户最温和，他们的接触门槛也很低。考拉型客户更重视人际关系，不喜欢与他人争执。他们很随和但却很不主动，对于销售员来说，必须不断主动引导他们参与。跟考拉型客户打交道，要做好打持久战的准备。

案例

客户：王女士

基本情况：王女士是某大型国营企业的副总经理，负责企业的后勤工作，是一位特别和蔼可亲的老大姐。负责接洽这家企业的餐饮公司销售员韩先生说：“别看王总这么和气，当年可让我跑断了腿呀，她可是考察了咱们整整1年的时间，才试着跟咱们合作的。真有点精诚所至，金石为开的感觉。不过，这合作关系还真是够牢固，这不都3年了，我感觉只要咱们别犯大错，就能一直合作下去。”

针对考拉型客户的性格固有频率，销售员一定要尽可能地细致、周到，因为考拉型客户比较敏感，他们最在乎的是平稳、安全、不出意外。而且，他们一旦认可了某件事就会非常忠诚，帮助销售员转介绍客户也不在话下。

最后是稳健型客户，即猫头鹰型客户。

猫头鹰的目光最敏锐，猫头鹰型客户对数字最敏感，他们喜欢分析和思考。猫头鹰型客户最喜欢的事情就是货比三家，他们虽然看上去不善言谈，但是会因为细节而穷追不舍。

案例

客户：付先生

基本情况：销售员被客户企业负责采购的经理付先生骂得狗血喷头，铩羽而归。销售员感觉非常不愉快，但究其原因，却又在情理之中。原因是该销售员给付经理提供的数据资料中有很多错误，甚至有几份是不相干的资料。而且，在深入的交流中，销售员的专业知识比较匮乏，这让付经理非常嫌弃。另外，付经理对销售员妄图拉近私人关系的行为也感到极其厌恶。从目前的情况来看，这位客户肯定不能再让该销售员跟进了，必须换一个专业知识功底深厚的销售员，同时还要把准备工作做到位。

针对猫头鹰型客户性格的固有频率，销售员要尽可能地把一切工作做到准确无误，最好有数据支撑。销售员的专业能力如果不能让他们认可，就不会再有机会。销售员跟猫头鹰型客户来往时，会不知不觉地被倒逼去提升自己的专业性。任何弄虚作假都难以逃脱他们的目光，那样做只能引起他们的强烈反感。

二、销售员如何把控自我的性格，为客户提供优质的客户体验

如果客户的性格特色对应的是老虎、孔雀、考拉和猫头鹰，那么，销售员的性格特色是什么呢？也必定是其中之一。但是在销售工作中，销售员绝不能放任自身的性格特色，而是要收起自己的个性，主动去适应客户的性格。

老虎型销售员最受老板、管理层、一家之主之类客户的喜爱。这类客户更注重目标和结果，行动快速而坚决，销售员与客户双方频率相同，很容易共情。对于猫头鹰型客户来说也基本能够接受，只要能够提供细节和相对专业即可。但是，老虎型销售员往往由于太过强势而不被那些注重人际关系的客户所认可。他们往往容易忽略客户的感受，强势的态度会给客户带来压力，这会让客户很不舒服。如此，销售工作很可能半途而废。

案例

销售员：孔先生

基本情况：销售员孔先生是典型的老虎型，他从小就是孩子王，不仅读书优秀，而且身体强健，做事雷厉风行，喜欢拿结果说话。有不少客户是喜欢孔先生的，但是也有一些客户不是很喜欢，甚至有客户投诉过他。孔先生也很苦恼，难道积极主动，结果导向不对吗？

孔先生说：“我更适合跟大领导打交道，不管什么事都是直奔主题，干脆利落。下边的人搞技术的还好一点，其他人真的很麻烦。他们还总觉得我不尊重他们，我哪有不尊重？这不就事论事吗？可是搞不定这些下级就见不到领导啊！”这正是孔先生的苦恼所在。客户是感性的，销售员可能会因为自身风格让客户不喜欢，出现做正确的事也让客户反感的情况。所以，正确的事要按照正确的方法做才算真正的正确。客户之中，老虎型的人基本上都是领导者，但是，对企业的销售工作最先接触的一般都不会是领导，即便是对个人的销售也不一定会碰到什么类型的客户。孔先生的问题出在希望客户的频率与自己一致，这样的想法很幼稚，不是一个合格的销售员应该具备的思路。

难道要客户来迁就销售员吗？既然知道过不了下级的关口就见不到决策者，那就不该怨天尤人，而是应该快速地调整自己。

孔雀型销售员是开朗的人，他们最关注人际关系，最在乎客户的感受。他们很善于快速地拉近与客户的距离。但是，他们往往不够理性，不够重视细节，甚至会因为大意而出错，容易给客户不稳妥、不靠谱的感觉。

案例

销售员：金女士

基本情况：销售员金女士是典型的孔雀型，热情、爽朗，爱表现自己，到哪里都是自来熟、人来疯。金女士最适合的任务就是开拓市场，无论走到哪里，金女士都能迅速交到朋友。销售员最怵头的陌生拜访，在金女士看来就是小菜一碟。但是，金女士在销售工作的后半程总是显得力不从心，经常出现虎头蛇尾的现象，非常可惜。

金女士的问题也是很明显的，就是在销售的后半程，对业务的要求提高了，需要“来真的”了，跟客户的关系再好，业务上也不能糊弄。这时候，金女士的短板出现了，通常孔雀型的人相对浮躁，很难沉下心来把精力集中在专业技能的提升上。孔雀型的人不是完全做不到钻研技术，是很难做到，至少很难长期地做到。金女士很适合那种类似摆小摊或者当街推销当场付费的销售工作，但那样的销售工作往往标的很小，不会有太大的收益。

孔雀型销售员还有一个最严重的问题，其他类型的客户都会与自己同类型的销售员同频共振，就是客户会喜欢与自己同频的销售员。老虎型会喜欢老虎型，不会嫌弃他更凶猛；考拉型会喜欢考拉型，不会嫌弃他更顺从；猫头鹰型会喜欢猫头鹰型，不会嫌弃他更沉稳。唯有孔雀型客户很有可能讨厌同为孔雀型的销售员，为什么？一开始，客户可能是喜欢的，因为同频。但是，后面就很有可能不喜欢了，因为孔雀型销售员很可能会不自觉地过分表现自己，而抢了客户的风头，所以，孔雀型销售员一定要注意收敛，否则，问题将会很严重。

考拉型销售员的性格很温和，先天性地善于体会他人的感受。他们更适合服务行业的销售工作，通常，他们的耐心和细致深受客户的肯定。然而，考拉型销售员很被动，他们过于注重客户的感受和情绪，不仅毫无攻击性，还可能会为了满足客户愿望做出不必要的妥协，在行动力上的不足也会使他们错过很多商机。

案例

销售员：蒋先生

基本情况：销售员蒋先生是标准的考拉型，就是常说的三脚踢不出个屁那种，蒋先生从不与人争执，有不同意见就是别人全对。大家都说蒋先生这样的人不是做销售的料，但是蒋先生的业绩却不是最差的。

如果招聘销售员，蒋先生确实不是首选，但蒋先生也不是完全不可能做好销售。他不是那种销售精英，完全不具备攻击力，好像没有任何出色的地方。但蒋先生是很有韧性的，他很能坚持。客观地说，蒋先生的业绩是客户赏赐的。别嫌难听，客户怎么不赏赐给别人呢？因为蒋先生的坚持，常年地拜访客户，与客户相处时就像面团一样柔软，不争不抢、不急不躁，只求一个存在。时间久了，客户自然会有感情，又不是不知道他是干什么的，就给一些不重要的业务。别嫌弃订单小，但是客户多呀，业绩加起来也不少，反正在销售员群体里他不是最差的。蒋先生这样的销售员是不多见的，首先是招聘时就筛掉了，其次是进入行业后，一般也不会被重视、被培养，但总是有那么一小部分生命力顽强的“考拉”，以自己的方式倔强地活着。

猫头鹰型销售员是最理性的，他们注重逻辑性和精确性，对自己的专业性要求很高，这会让客户非常放心。但是，猫头鹰型销售员会因为太过关注细节而给客户造成不热情的感觉，这样会给客户体验减分。

案例

销售员：方先生

基本情况：销售员方先生是典型的猫头鹰型，方先生做销售不太会用那些销售技巧，见面就谈专业技术，因为专业技术太过优秀，属于高手中的高手，所以很多时候，客户很认可，因为真的能解决问题。但是，在开发新客户上，方先生很差，除非赶上客户出了问题，那就很厉害。

猫头鹰型销售员在前半程是吃亏的，因为客户遇到问题才会在乎技术和专业，猫头鹰型销售员在情感把握上必然是短板。而且，钻研技术的人很难理解情感世界的复杂性，从本能上就会逃避。

销售员在工作中，必须不断地提醒自己，要收敛自己的性格去适应客户。正所谓适者生存，就像变色龙，身体的颜色可以随着环境的颜色变化，从而快速地融入环境。销售员也需要跟着环境改变自己的态度和行为，具体地说，就是销售员无论遇到什么样客户都能主动适应对方的性格特色，快速地找到客户性格的固有频率并与之共情。销售工作是一种创造性的工作，与其说销售员是在做销售，不如说销售员是在修炼自己。当销售员的思想和能力达到了一个更高的境界时，销售工作自然变成一件手到擒来的事（如图 4-3-2 所示）。

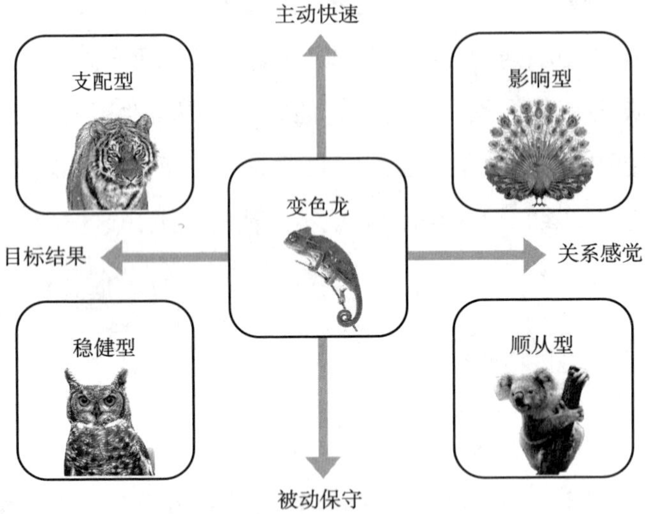

图 4-3-2　DISC 性格模型 Ⅱ

案例

客户：某销售型企业

基本情况：咨询公司为某销售型企业量身打造销售员素质提升项目——《变色龙计划》，旨在培养销售员适应客户性格特色的能力和习惯，提升销售员的综合素质。该项目首先是对所有销售员进行 DISC 性格测试。其次是进行集中培训，让大家了解客户性格特色的知识。再次是对销售员进行现场实践和纠正。最后是时隔一个月后，对全体销售员进行实战考核。该项目取得了丰硕的成果，客户很满意。令人遗憾的是有那么一小部分销售员始终不能做出足够的改变，在销售工作中，依然不能跟客户做到同频、共情，致使自己和企业的业绩受到影响。所以，有些销售员慢慢地就被市场淘汰了。

第四节 细节循环改善法：从细节出发让客户体验越来越好

共情式销售并不是神秘的销售秘籍，而是由最普通的销售工作细节构成。在竞争激烈的销售工作中，客户体验越来越重要，销售员应该努力地从各种消费过程的细节出发，找到让客户感到愉快、满足的发力点，打造高质量的客户体验，从而鼓励客户消费、重复消费，甚至主动进行口碑宣传和新客户的转介绍。

调研结果显示，超过 50% 的客户表示会依赖自己信任的消费渠道，比如，长期在某家店铺消费或者长期与某些供应商合作，从销售员的角度来看，这就是大家常说的老客户。有 50% 的客户表示会在一次不愉快的客户体验之后转投其他的竞争对手。如果这种不愉快的客户体验超过一次，这个比例会马上达到 80%。目前，商业竞争异常激烈，客户对不愉快体验的容忍度越来越低。即使只有一次达不到客户预期的体验，客户也很可能放弃合作。如果不止一次，那失去客户几乎成为必然。因为寻找替代品太容易了，甚至是根本不用寻找，竞争者随时都在等候上场。

正如英国作家狄更斯在《双城记》中所言，这是最坏的时代，这是最好的时代。面对激烈的市场竞争，有些销售员怨天尤人，而有些销售员却看到了机会。目前，很多销售员都意识到打造优质的客户体验是超越竞争对手的最佳途径，也就是说，依靠产品的质量和价格的优势已经不可能在竞争中胜出，只有提供高质量、个性化的客户体验才可能在竞争中获得一席之地。

一、客户体验无小事，细节决定成败

细节决定成败已经成为一种共识，销售工作中更是如此。销售员与客户的相处往往就是日常琐事，没有什么轰轰烈烈的大事，即便有，估计销售员也未必能帮上什么忙。所以，在客户体验上发力，就是在细节上发力。销售员的日常工作中，细节很重要，随便一个小的失误都可能酿成大错。

案例

销售员：武先生

基本情况：一个很重要的客户家里有生意要开业，上级安排销售员武先生购买一块匾额作为贺礼。没想到因为忽略细节，出现了一个失误，幸好及时地进行了挽救，险些酿成不愉快的客户体验。

客户家里生意开业是很难得的机会，销售员去送贺礼，一般不会被拒绝，这样就很容易拉近与客户的关系。武先生听说这个消息，马上就向上级请示，要不要把握这次机会。当时上级正在外地出差，忙得昏天黑地，就在电话里让武先生给客户准备开业贺礼，明天一早送过去，送什么呢？就送一块匾额吧，开业送这个很好，挂在墙上，也是跟客户关系的见证。晚上，上级忙完工作，打电话寻问武先生贺礼准备得怎么样，武先生理直气壮地说：“不是开业吗，我觉得财源滚滚太俗，就选的客似云来。”上级说：“你问没问清楚是什么生意开业呀？”武先生一愣，说：“好像是个饭店吧。”上级说：“好像？这不是胡闹吗？你马上去找人确认，我也找人问问。”这件事还不能问客户本人，经过多方侧面确认，客户家开的不是饭店，而是药店。武先生尴尬地说："是我的问题，我马上去换。"

武先生算是很好的销售员，但还是忽略了细节，他如果有足够的细节意识，这件事就可以不出问题，他应该确认一下客户开业的到底是什么生意，确认过就不会出问题。另外，按职场的规矩，武先生应该跟上级确认一下匾额的内容。而且确认内容时，上级也会跟他确认客户的具体情况。但他错过了两次机会，上级特别忙，武先生也特别忙，但客户会原谅这些吗？还好，上级过问了一下。

于是，武先生半夜去找商家换匾，这次一直跟上级保持电话沟通，最后选了"福寿康宁"的匾额，书法名家的字和最大号的匾。虽然价格不菲，但是很值得。第二天中午，客户的电话就打过来，隔着电话都能感受到客户的兴奋、喜悦之情，说今天太给他增光添彩了。书法好，意思更好，好多人都在这匾额前照相呢。

细节真的能决定成败，细思极恐，客户家是药店开业，进来消费人的都是因为有病痛，挂上客似云来、恭喜发财的匾额，这不等于诅咒顾客吗？药店、棺材店能说欢迎光临吗？能说欢迎再来吗？试想，如果那个"客似云来"送到现场，客户只会觉得销售员不懂事，那可真成了弄巧成拙，费力不讨好。而"福寿康宁"就恰到好处了，这是一句祝福语，谁不想"福寿康宁"呢？谁也不愿意得病，但得了病还是得吃药，不过吃完药就"福寿康宁"了，不是吗？

现在的市场竞争越来越激烈，能发力的地方大家都在使劲了，于是，关注细节就成为销售员最后的机会。销售员只有在细节上找机会，在与客户相处的细节上与客户共情，参与到客户的工作或生活中。销售员要努力通过细节与客户达成信任关系，以获得更多的交易机会。

案例

销售员：郭先生

基本情况：销售新手郭先生在陪同老板接洽客户时，由于注重细节，获得客户的好感，帮助公司在竞争中胜出。

销售员郭先生是刚刚踏进销售领域的新手，这是他第一次跟着老板去谈生意，那是一家世界排名前100的外资企业，客户公司的档次真的很高，走到哪里都是窗明几净、井井有条的。和他们一起等待着见面的还有好几家竞争对手，轮到郭先生他们进去，郭先生显得有些紧张，打过招呼之后，郭先生先是给自己的老板拉了椅子，等老板坐下后，自己再坐下。老板讲标的时候，他就拿出本子认真记录。流程结束后，跟对方告别时，郭先生把老板和自己坐过的椅子推了回去，并且把用过的纸杯一并收了带出去扔到楼道的垃圾箱里。回去的路上，老板说今天的那几家竞争对手都不弱，这次真的没把握，跟对方人员的关系虽然还可以，但是这次有大老板参与，他们也不便过多地发表意见。过了一个月左右，捷报传来，中标了，老板特别高兴，这可是一个大单。老板说，真不容易，这么多竞争对手，真是险胜啊！

一年后，项目完成的仪式上，客户企业的总经理发表了演讲，郭先生一眼就认出来了，这位总经理那天就在竞标现场，是那个坐在最边上的老外，那天他一句话都没说。晚宴的时候，老外说：“你们知道吗，一开始我觉得你们这些公司都差不多，基本上都是给我们服务过的，但是，我选来选去就是觉得你们跟我们更合拍。”他指着郭先生：“比如这个年轻人就很职业，他不仅恢复了座椅的位置，还收拾了你们用过的纸杯，这些都是我们要求员工必须做到的。我感觉咱们是一样的公司，一样的人，这很重要，你们的方案也处处体现着对细节的关注。我知道其他公司应该也可以做到我们的要求，但是他们跟我们不同频，他们有的很懒散，有的很粗糙，跟他们合作起来一定不如跟你们合作顺畅，以后咱们还要多合作。”

二、从细节出发，把客户体验做到尽善尽美

一个人做任何工作，先天条件是否适合很重要。但是，先天条件只是一个基础且不可能改变，做事的态度和方法才是销售员更应该努力的方向。做销售工作，细节很重要，一方面是在细节上不出问题，另一方面是在细节上出彩。这些细节问题并不都是临时出现的，其中绝大部分都是有迹可循的，这就需要销售员不断积累关于细节的经验。

PDCA 循环的概念由美国管理学家威廉·爱德华兹·戴明于 20 世纪 50 年代初提出，PDCA 循环指有效工作的四个步骤，其中也包含经验总结的过程。Plan（计划）指设定工作目标、制订工作计划。Do（执行）指执行工作计划。Check（检查）指检讨并提出工作中需改善的不足与问题。Action（处理）指提出改善意见，总结工作经验运用到下一次工作中（如图 4-4-1 所示）。

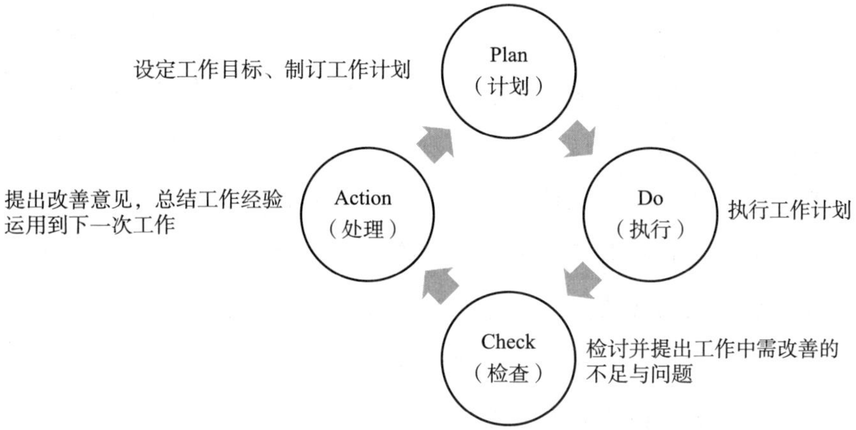

图 4-4-1　PDCA 模型

经常发现一些业绩良好的资深销售员并非那种最适合做销售工作的天选之子，问起他们为什么能够达成良好的业绩，用他们自己的话来说就是久病成医。他们最大的优点是善于总结细节上的经验，明白怎么做不会出问题，而怎么做容易出问题。他们不仅经历过足够多的细节，并且吸取了在这些细节上出问题的经验和教训。所以，大家在销售工作中，遇到那些资深的销售员从容不迫且滴水不漏的状态时，很可能并不是什么世外高人，而是刻苦用心的销售老兵。

案例

销售员：徐先生

基本情况：资深销售员徐先生因业绩优秀成为公司销售经理的候选人，几位候选人的业绩几乎都是一样地好，徐先生看上去并没有什么竞争优势。通常来说，在销售行业中，管理者最重要的工作就是对销售员的激励，说起对销售员的激励，要么是物质层面的激励，用收入激励销售员。要么是精神层面的激励，给销售员以思想、态度、情感上的激励。物质激励是公司层面的事，那就只能在精神层面做文章了。可是精神层面的激励往往不能解决销售员的根本问题，有时会让销售员觉得不切实际，可能适得其反。经过私下与销售员们的交流，徐先生发现大家最集中的问题是经常对销售中的细节把控不好，销售员们非常需要这方面的经验。于是，徐先生就从培育下属销售员的角度进行销售经理的角逐，在竞聘演讲时，他还拿出一本数万字的经验总结，这是将近10年的工作记录，里面写满了销售工作中的细节。最终，徐先生得到了销售员群体和上级的一致认可，在销售经理的竞聘中一举夺魁。

从徐先生的升职故事中可以看出，对于销售员而言，经验的总结非常重要。通过关注细节可以获得无数细节上的经验，这对于一个销售员来说是极具价值的。当把这些细节上的经验复制给全体销售员的时候，这些经验的价值就是无可限量的，这也正是徐先生在销售经理岗位的竞争中胜出的根本原因。

销售员的竞争拼到最后就是细节上的竞争，销售员要培养自己成为关注细节的高手，要在细节上想尽一切办法打造高质量的客户体验。

三、打造流程，把控细节，保证高质量的客户体验

关注细节这句话说起来很容易，大家也都很认可，但是做起来真的很难。不得不承认，有些人天生就很细心、认真做事、很有条理，但大多数人并不是这样，所以细心、认真和有条理才是优点。那么，不够细心、不够认真、做事没有条理的销售员就总是在细节上犯错，不停地出各种小问题，为了看似不值得的小事丢客户。现在市场竞争态势如此严峻，客户的包容度越来越低，偶然一件小事的不愉快体验也许客户可以谅解，但是，总是如此，叠加起来，客户不丢才怪。

怎么办？让不细心、不认真的销售员改变自己就是一句空话，那是谁也不能控制的事情。解决细节问题的法宝就是工作流程，工作流程指销售工作事项的方向和顺序，就是先干什么，后干什么。销售工作流程包括实际销售工作过程中的环节、步骤和顺序。工作流程越完善，按照流程去做就越不会有遗漏的细节。销售工作的流程由一个起始点、一个完结点及若干个中间环节组成，中间环节的每个分支可以有明确的内容。虽然销售工作有别于生产制造工作，很多时候都需要销售员随机应变，但是，流程依然可以对销售工作起到规范

和提醒的作用，完善的流程对于新手或不够细心的销售员来说很有意义。

案例

销售员：某公司销售员群体

基本情况：某销售型公司存在一批业绩不佳的销售员，亟须解决他们综合能力不佳的问题。调研中发现，他们最集中的问题是做事没有章法且不关注细节。因为不想放弃这些销售员，公司最终决定用制定销售工作流程的办法加以规范和提醒。具体做法就是，组织优秀的销售员对销售流程进行梳理，首先制定科学的销售工作的流程框架。其次对每个环节容易出问题的细节加以提醒。最后向所有人宣讲流程。

这些有问题的销售员只占一部分，他们所出现的无论是态度问题还是能力欠缺的问题，很大程度都是先天的。所以，想通过培训来改变他们是很困难的。从那以后，只要销售员业绩不达标，就会被组织起来，按照流程对照，检讨没做到的或者做错的地方。几个月之后，那些销售员的状态大有改观。

销售领域是没有上限的，但销售领域是有下限的，有些事情是必须做到的。销售工作的流程可以保证下限，保证每个销售员做到最基本的事情。对于基层的销售员，尤其是初入市场的销售新兵，销售的流程是非常有价值的。有这些销售的基本流程保驾护航，销售员就可以脚踏实地地争取更高的业绩，否则就总会出现业绩忽高忽低的不稳定状态。做销售工作，天分是很重要的，但是天分是可遇不可求的。没有章法地胡乱使劲是不会有好效果的，因此按照科学的方法，打造高效严谨的销售工作流程才是真正有效的工作方法。

四、从细节出发循环改善客户体验，每天进步一点点

当今，客户体验已经受到了所有企业和销售员的重视，但即便再高质量的客户体验也还是有进步的空间。客户体验由消费过程中点点滴滴的细节构成，这些点点滴滴的细节就是最值得研究的，是提升客户体验质量的出发点。

很多企业都在开展一种叫作持续改善的项目，就是让所有员工在自己的岗位上不断地从每个细节入手进行改善，让工作更高效、更完美。这个持续改善的概念是值得所有销售员借鉴的，细节的改善只是微小的提升，但是经过积累，会越来越完善，最终会产生巨大的成果。

通过一件事让客户感动是很不容易的，但是，通过点点滴滴的小事，持续地给客户微小的良好体验是比较容易做到的，销售员要坚持不懈地找机会在客户身上积累这些微小的良好体验，要不断地改善这件事情，只求每天进步一点点。如此，当需要客户做出评价的时候，自然会凭心而论地给出好评。

案例

销售员：某公司销售员群体

基本情况：某销售型公司为了提升客户体验的质量，积极开展“客户体验终身改善”项目，所谓终身改善，就是会一直改善，不会停下来。具体的做法就是每个月都要组织销售员进行客户体验细节的改善工作，大家群策群力地提出自创或借鉴的具体设想和做法，经过总结和实践，形成工作方法后，让大家共享。

对于销售员个体来说，销售团队的价值在于综合的支持，而经验的分享是这种支持的重点。这种分享是极具价值的，可以使销售员系统性地进步，使客户体验的质量系统性地提升。并且会形成一个基于细节完善的自动循环成长机制，让客户体验的质量越来越高（如图 4-4-2 所示）。

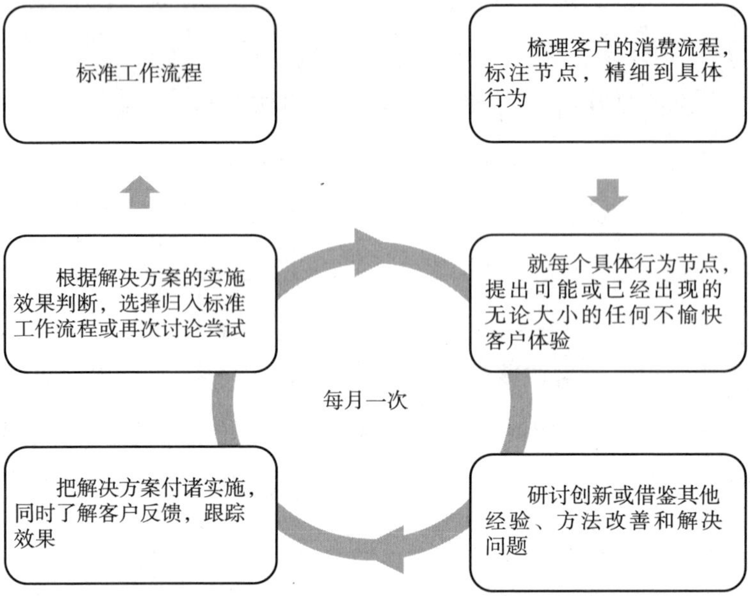

图 4-4-2　提升客户体验质量的自动循环成长机制

第五章

共情，促成客户重复购买和转介绍

销售工作是一份辛苦的工作，但同样辛苦的销售员，获得的回报却大不相同。销售工作是一份需要沟通能力的工作，但同样沟通能力出众的销售员，获得的回报也大不相同……也就是说，销售员的工作回报不只是与自己的付出和能力相关，相关的还有销售工作中的策略。对于销售员来说，老客户的重复购买和转介绍新客户，是投入产出比最大的回报方式。销售员的精力是有限的，开发客户是需要付出精力的，那么，让老客户重复购买和转介绍新客户便是销售员为数不多的“捷径”，而与客户的共情则是这条“捷径”的通行证。销售员应该树立自己销售工作的规模意识，只有不断挖掘客户的价值，放大客户的价值，扩大自己的工作规模，才能让销售工作开枝散叶，繁花盛开，硕果累累。

第一节　客户深度套牢法：让客户不断重复购买

共情式销售的理念一定是以客户为中心的，销售工作的一切都要从客户的利益出发。关于客户的重复购买，重点要关注客户的消费成本，广义的消费成本是指消费者在消费过程中所付出的代价。消费成本包括三部分：首先是价格成本，其次是交易成本，最后是附带成本。其中，价格成本最明显，也是消费者最重视的，无论购买什么产品都得花钱，这个是硬成本，消费就是花钱解决问题。性价比高的产品很容易让客户产生依赖，性价比高就是相对的物美价廉。但是交易成本和附带成本是隐性的成本，当价格成本已经确定或者客户根本不在乎价格成本时，这些隐性成本就显得格外重要。

一、客户的重复购买行为就是销售员的财富密码

人的时间是有限的，精力也是有限的，销售工作是需要耗费时间和精力的。如果销售员的每一次成交都需要花同样的时间和精力，那怎么能做大做强呢？所以，对于销售员来说，客户的重复购买就是财富倍增的密码。

重复购买指客户反复地购买同一品牌的产品，也可以指客户反

复地购买同一商家或销售员所销售的产品。客户的重复购买对于销售员来说是价值巨大的，大在哪里？大在销售成本。销售员可以回忆一下，自己的客户都是怎么得来的？自己是怎么从没有客户到一点一点积累才有了今天的规模？客户的重复购买不用销售员从头认识客户、取得信任等，只要维护好日常的客户关系即可，从某种意义上讲，这就是天上掉馅饼。去看看那些销售大咖，他们为什么收入超高且从容不迫？而新手却生存艰难又焦头烂额？关键就在于客户的消费次数，消费次数背后藏着的是客户的重复购买。

案例

销售员：刘女士

基本情况：保险销售员刘女士业绩和口碑都是极好的，她与客户之间的黏性极大。因为刘女士围绕着保险消费大幅度地降低了客户的消费成本，比如，医疗和大病保险，一旦客户出险肯定是需要理赔的，每个保险销售员都会为客户服务。由于刘女士很专业，所以，理赔事项都很顺畅，客户对刘女士普遍是很满意的。不仅如此，刘女士还会在相关的就医、陪护、探望、家庭后顾之忧等方面提供帮助，让客户格外地满意。即便客户未出险，刘女士依然会用自己的资源帮助客户做很多事情，比如，小孩子上学、求医问药、介绍相亲，等等。客户通过刘女士进行保险消费的隐性成本很低，甚至是极低，而且还有很多额外的好处。那么，客户自然就会长期选择刘女士了，这就是重复购买。

让客户重复购买应该是销售员心心念念的事。重复消费的现象很常见，比如，客户一直购买某个牌子的酱油，已经三代人了。又如，客户十几年一直在某一家理发店理发，也一直是要某个理发的师傅服务。这就是重复购买，很多商家都会让客户办卡，让客户提前确定重复购买，不仅是重复购买还早早地把钱交了，看似商家给了客户优惠，但是商家得到的是客户必须一直来消费，而且还先收了钱。很多商家让利推出会员制，也都是吸引客户重复购买的行为。

案例

商家：小米品牌

当小米品牌手机打响之后，马上就出现了重复消费的问题。通常客户多久才换一次手机？两三年还是5年、10年？两三年挣客户一次钱，那么多的宣传成本就浪费了，品牌价值也浪费了。于是小米就开始去客户家里想办法，在家电领域，小米绝对是新面孔，但是目前小米家电站稳了家电领域的脚跟，大到冰箱、洗衣机、空调等，小到电饭煲、风扇、水壶等，客户家里用得着的家电小米都有。小米在智能家居领域也是行业的"领头羊"，智能家居产品涵盖了智能的灯具、音箱、摄像头等，能满足不同年龄段的客户，现在的实际情况是家里的电器全用小米的才更方便、更高效。

这也是重复购买，客户买了这个还可以买那个，都是小米的产品、品牌。其实小米什么也不生产，现在只要提要求，代工厂什么都能做出来，还保证质量，小米不会浪费任何一位消费者对自己的信任，小米就是特别会销售。

二、想要实现重复购买就得深度套牢客户，就是让客户离不开销售员

1. 销售员一定要让客户产生消费依赖，这种依赖既包括物质层面也包括精神层面

就物质层面而言，客户很可能产生消费依赖。也许是因为个人偏好，比如就喜欢某种口味、材质、工艺等。在北京的老人里不乏那些烤鸭只吃全聚德、涮羊肉必须东来顺、点心得买稻香村、咸菜那得是六必居的主儿，他们会说，别的味儿都不对。或者是因为产品的性价比高，比如有些“大牌折扣店”生意好极了，就因为有那么多都喜欢大牌又买不起的人，折扣店的性价比高呀，花小钱买大牌就是爽。也有不少人长期购买某种名牌产品的“平替”，这些依赖都属于这个路数。抑或是因为消费的综合成本划算，比如购买汽车的时候，享受上门服务、赠送保养、代办手续等免费的服务以及高质量的赠品等。

就精神层面而言，如果做到了让客户高度依赖，这个品牌就彻底地占领了消费者的心，甚至成为消费者的“精神伴侣”。客户在消费过程中，获得的不仅是使用价值，更重要的是精神享受。对于销售员个人来说，这都是企业层面的概念，上面这些道理销售员是知道的，但销售员对这些起不了太大的作用。

2. 对于销售员的实际工作来说，客户的依赖性就来自销售员自己，销售员就是要让客户离不开自己

客户为什么会离不开销售员呢？那一定是销售员做了很多事，让客户需要，让客户一直需要。让客户离不开的销售员要为客户做些什么事呢？要么是客户不愿意做的事，要么是客户做不了的事。客户不

愿意做的事，那就是苦活儿、累活儿和脏活儿，他不愿意干，销售员干，销售员干了他就舒服了，世界上的事哪有不给回报的呢？销售员总是任劳任怨地帮忙，慢慢摸透了客户的情况，客户也习惯了，自然就离不开。这个是低级的，还有高级的，即客户做不了的事，销售员要么自己帮助他做，要么找人帮助他做，总之得是销售员来解决。销售员能解决，客户就接受销售员，销售员总能解决，客户就依赖销售员。

不过还有更高级的吗？有。销售员可以成为客户的挚友、知己甚至消费决策导师。帮助客户办的事可以是公事，也可以是私事，只要销售员有那个本事。销售员帮助客户越多，客户就越离不开他。很多时候，功夫真的在戏外。

（1）帮助客户做客户不愿做的事

案例

销售员：周先生

基本情况：客户要求销售员周先生帮忙写一个项目计划书，这个工作还挺费精力的，周先生有些不情愿。

如果客户要求销售员帮助完成客户的一些本职工作，销售员不仅不能抱怨还应该感到幸运，这绝对是好事，因为这是客户依赖销售员的表现。试想，哪个客户在对销售员的能力毫无把握且跟销售员交情非常浅的情况下，会把自己的工作交给销售员来做？这种情况就是客户对销售员认可的信号，销售员一定要抓住时机，把客户交代的事情做好，争取进一步的信任。另外，客户能让销售员帮助是经过考量的，他认识的绝不止某一个销售员，选择谁必然是从能力和关系上综合考量过的，甚至准备好了未来给什么相应的回报，这是人之常情。

案例

咨询师：高先生

基本情况：咨询师高先生约某企业高管吃饭，主题是谈一个咨询项目，席间听到高管抱怨，年底太忙，连述职报告都没时间写，还有一周就要用了，估计得熬几个通宵。于是高先生试探着问高管是不是可以帮助他搞定这个述职报告，高管非常高兴，说高先生是及时雨。高先生跟客户详细沟通了他全年的工作内容和业绩，三五天之后就做好了报告，并给客户指点了向上级报告的技巧。没过多久，客户就签了高先生那个咨询项目，而且把1年的服务期延长到了3年。

这件事情里面是有一些基础的，一个是能力，咨询师高先生的能力比客户要高，绝不会给他干砸了；另一个是信任，在这么多年的交往中高先生是极其靠谱的。客户把自己的工作交给高先生，等于把自己的隐私和公司的机密交给对方，这是多么大的信任。对于高先生来说，帮助客户做述职报告的难度不在于写作，而在于对客户工作的了解。越了解客户，就越可能为客户服务得更好。从此以后高先生与客户的关系更近了，客户也越来越离不开高先生，客户的依赖就是这么来的。

（2）帮助客户做客户做不到的事

如果要想增加客户的依赖性，达成客户的不断重复购买，销售员最好能帮助客户做他做不到的事。比如，客户在工作中遇到难题，这时候客户很需要帮助，但是，想拥有帮助客户的资格不仅需要销售员能力强，还需要关系特别好。因为这里面不仅有客户的信息、机密，还包括客户的面子。一旦客户让销售员帮助解决难题，销售员和客户的身份就跟之前大不相同了，之前客户总是会居高临下的，即便销售员给客户帮忙干了很多脏活儿、累活儿，客户还是会居高临下。但是，当客户有做不到的事情需要帮助，客户就不可能再保持俯视的姿态了，至少跟销售员是平起平坐的，甚至客户对销售员会仰视。很多资深的销售大咖接到客户的求助电话已经是常态，这甚至是他们做销售工作的基本方式，有时候不仅要出主意甚至要提供资源。这样的销售员在客户心目中的地位如何？当然是仰视，也愿意仰视。谁不想拥有一个免费的智库呢？而且不仅是智库还是资源库。说是免费，其实怎么会是免费的，客户得在其他的项目中买单。如果客户过去没有购买过、将来也没有购买的可能性，销售员怎么会花费那么大的精力帮助他呢？

想要客户放下身段请求销售员帮助解决自己在工作中遇到的难题，还是需要一些步骤的。销售员要充分地展示自己的能力，如果客户无法确认销售员能够胜任这些难题，那么，客户是不会考虑让销售员参与的。客户认可了能力还要有信任的关系，客户对销售员的信任关系往往并不来自亲密无间，反而来自公平客观，所以销售员介入客户的事情要适度，要在客户的要求范围内，就事论事，不要表现出特别的兴趣。

案例

咨询师：成先生

基本情况：在一次项目会议之后，客户的总经理约成先生去附近海边走走，就在海边跟成先生聊了半宿，各种经营的问题、人际的苦恼，成先生都一一解答。回头想想，为什么这么信任？无非是能力信任加上关系信任，这个关系信任就包括成先生跟客户企业的很多员工都有接触，但从没主动联系过他们公司的任何人，包括这个总经理。这一点很重要，说明成先生从不想掺和客户的内部问题，这个客观的态度对于客户的总经理来说是安全的，对于他要谈的问题也是更具价值的。想找一个既有能力又客观且无瓜葛的人倾诉，对于这个总经理来说，除了成先生，他没有别人可选，而作为回报就是与成先生继续合作。

（3）销售员可以成为客户的消费决策导师

销售员的最高级别就是成为客户的消费决策导师。这种状态的销售员能够左右客户的决策，客户就愿意听他的。

销售员可以成为客户的专业导师，客户毕竟是要购买销售员的产品，销售员自己卖的产品自己必须门儿清，销售员得是行家，这是最起码的要求。这个要求不简单，需要换位思考，销售员不能站在自己的角度了解产品，而是要站在客户的角度，要关注的是客户使用的时候有什么问题。很多销售员忽略了这一点，自以为很懂，比如，在练习中，销售员被换个角度提问，马上就抓瞎，甚至抱怨这是刁难。客户就这么问了，不行吗？客户一定会按照你的套路出牌吗？怎么办？说客户问得不对？销售员要苦练基本功，要在客户面前对答如流。这里给一个标准，就是销售员必须比客户知道的多，有客户想不到的，没有销售员不知道的。只有这样，才能够被客户当作专业导师，才能获得客户最基本的信任和依赖。

销售员可以成为客户的生存导师，这是更高的要求。到了这个阶段，销售员至少要成为客户的知心朋友，否则客户怎么会跟销售员谈到自己的职业生涯呢？要想成为客户的知心朋友，销售员必须拿出善解人意的共情能力，让客户觉得销售员是懂他的，这样才会说知心话。当然这需要销售员具备丰富的职业生涯知识和经验，如果销售员能够做到对客户的职业生涯有所指点，如果这些指点对客户的生计有所帮助，那么销售员将逐渐成为客户的生存导师。

销售员可以成为客户的人生导师，这个当然更难，这得是多么大的信任啊？销售员得有多么大的能力啊？但这也不是不可能做到的。这是一个上楼梯的过程，能从一楼上到二楼，就能从二楼上到三楼。当然，要做别人的人生导师，自己先得混得不错。自己什么也不行，还想指点人生啊？自己的职业和生活各方面都得有很高的水准，不仅是钱，还有行业地位、社会地位。

案例

销售员：陈先生

基本情况：陈先生是销售员出身，50多岁了，销售工作从没停下过，30多年来，做到过大型企业的总经理，后来又凭着个人能力去知名大学任教，做了教授。这样的人不仅优秀而且努力，谁见了都是高看一眼，无数职场精英都争相拜在陈先生门下。陈先生经营的事业是根本不愁销售的，因为客户都被深度套牢了。

第二节　消费路径依赖法：让客户不断扩大消费的规模

做到共情式销售，必须以客户为中心，不仅要关注客户的利益，还要关注客户的心理和行为，研究客户的消费模式。路径依赖的概念是美国斯坦福大学教授保罗·戴维提出来的，大概意思就是一件事情只要做过一遍，且运行正常，结果合格。那么，即便以后出现更好的选择时，大家一般都会继续走老路，形成一种惯性或依赖的状态。人们与习惯有关的所有行为都可以用路径依赖来解释。

路径依赖思维的形成主要源于人们的经验和偏好。在面临决策时，大家会本能地优先考虑已经熟悉和习惯的选择，这样就忽略了其他的可能性。任何人的思维方式都会受到经验和环境的影响，形成相对固定的思维模式。而且一旦形成，就很难改变。

造成路径依赖的主要原因是什么呢？人们一旦做出选择就肯定会有所投入，无论是精力还是金钱。即便发现自己的选择有一些小问题，人们也不会轻易做出改变，因为改变会损失掉自己在前期的投入，这就是常说的沉没成本。

比如，有一个关于路径依赖最著名的案例叫铁轨轨距案。现代铁路的两条铁轨之间的标准距离是四英尺八点五英寸。为什么是这个距离呢？有什么科学道理吗？原来最早的火车是按照电车的尺寸制造的，电车的轮距就是四英尺八点五英寸。而电车是按照马车的轮距制造的，马车的标准又来自古罗马战车的宽度。战车的轮距为什么是四英尺八点五英寸呢？因为一辆战车需要两匹马来拉，两匹马屁股的宽度就是四英尺八点五英寸。这就是路径依赖，没什么其他深奥的科学道理。又如，美国航天飞机有两个火箭推进器，因为造好之后要用火车运送，路上还有一些隧道，隧道的宽度比火车轨道宽不了多少，所以最终，航天飞机火箭推进器的宽度也是由两匹马屁股的宽度决定的。

一、消费的路径依赖原理就是销售员的致富原理

在消费行为中，路径依赖更是普遍现象。通常情况下，当客户习惯了购买某种产品，比如，习惯于购买某个牌子的洗发液，或者习惯了某种消费的渠道，接受并习惯了与某个销售员交易。客户就会把这种习惯性的认可保持很长时间，甚至是永远。也许客户根本想不起来当初是什么理由让自己做出这种选择，但是，只要消费后能够达到基本满意，那么，下次就会本能地维持原来的选择。

比如，一个人来到一个陌生的地方居住，起初他一定会对周围的各种商家进行一定的尝试和了解，在这段时间内，他可能会比较理性地看待这些商家，也可能去打听商家的口碑。但之后，他在日常的消费中，几乎就不再会比较和筛选商家了，通常会固定在某几个商家消费，而不愿意再去尝试，几乎不会再给其他商家机会。

对于销售员来说，与客户的初次接触是非常重要的，如果第一次消费就让客户得到满意的体验效果，那么客户大概率会选择重复消费。不仅如此，客户还会由于消费的惯性向销售员购买其他产品。比如，一个人喜欢吃一家小饭店的炒饭，那么必定很容易选择试一试他家的面条，甚至把他家的饭菜尝个遍。又如，客户对于跟某个销售员交易的过程很满意，通常就会一直找这个销售员购买，甚至让这个销售员帮忙去购买其业务范围以外的东西。这种路径依赖的现象在消费行为中十分普遍，销售员应该把握机会争取做到让客户对自己产生路径依赖，此时必然会业务不断，财富不断了。

案例

销售员：张先生

基本情况：销售员张先生最初只是电脑公司的售后工程师。由于技术特别好，每次维修电脑都是手到擒来。客户对他也逐渐从喜欢变成了依赖，有问题就找张工。张先生也会在维修电脑的时候，给客户讲解配件和耗材的知识，于是客户慢慢地都开始找他买电脑配件和耗材。后来，张先生转行做起了配件和耗材生意，也成了客户群体的电脑顾问，咨询、维修都免费，就挣配件和耗材的钱。客户都很满意，还为他介绍新客户。老客户每每给张先生介绍新客户都会得到他的一些回报，赠品或打折从不怠慢。用张先生的话说，这样做我的感觉好，客户的感觉也好，大家好才是真的好。

客户购买了张先生的电脑维修服务，结果是很满意的，然后客户就开始找张先生买相关的产品，这就是路径依赖。由于客户已经花费了时间、精力去考察张先生，而且结果是满意的。任何人都希望自己的付出是划算的，所以，客户本能上就希望把张先生的价值放大。既然张先生是值得信任的，那么，客户就不再花时间、精力去考察别人了，用张先生就等于节省，等于划算。同时，张先生以免费维修、咨询作为回馈，让客户的依赖感越来越强。张先生在开发客户的价值，其实，客户也在开发张先生的价值，张先生的价值越大，客户初期考察的投入越值得。为了继续扩大张先生的价值，老客户还会给他介绍新客户。而张先生也继续给客户回报，继续培养客户的依赖感。所以，张先生与客户的关系越来越紧密，客户黏性也就越来越大。

案例

销售员：鲍先生

基本情况：鲍先生是保险销售员，他太太在证券公司工作，也是销售员。对于金融行业来说，越是高端的客户越有价值。所谓高端客户，就是能够拿出大笔投资参与金融交易的客户，鲍先生主攻的就是高净值客户群，他太太也是。高端客户虽好，但取得客户的信任却很不容易。鲍先生夫妇持续地用自己的专业性和品行赢得客户的信任和依赖。有意思的是，鲍先生的保险客户几乎都与他太太有证券方面的合作，而他太太的证券客户也差不多都找鲍先生买保险。

鲍先生夫妇在销售领域可称作“雌雄大咖”，都知道高端客户不好做，取得信任很困难。客户付出那么多资金，风险那么大，谨慎是应该的。但大家想过没有，取得高端客户的信任这件事，不只是销售员付出很多，客户付出的更多。客户要面对巨大的风险，付出的除了金钱，更主要的是心理成本，有时候，真的是一念天堂，一念地狱。所以，高端客户一旦认可了销售员，他们的忠诚度会更高，或者说黏性会更大。所以，销售员一旦取得了他们的信任，客户就会非常依赖。因为再去考察别人，就还得付出那么多，算了吧，就你了。你还不错，你太太也差不了。你还不错，你先生也应该没问题。客户就是这么想的，这是人的本能。鲍先生夫妇需要的是保持稳定，保住这份信任，只要不出恶性的问题，是可以保持高效持续经营的。

二、销售员可以向内发展，就是让客户更多地买自己销售的产品

信任需要积累，客户需要开发。客户满意是信任的基础，是消费路径依赖的基础。获得客户的信任和开发客户是相辅相成的关系，不与客户共事怎么能获得信任？没有客户信任，客户又怎么可能愿意与销售员共事呢？

销售员一旦取得了客户的信任，就应该尽可能地开发客户，要用自己销售的所有产品去满足客户的需求。这就需要销售员以客户目前的信任为基础，进一步靠近客户，进一步寻找客户需要解决的问题，进一步发现客户的需求，甚至是创造客户的需求。当销售员能够不断地满足客户的需求时，客户对销售员的信任感会与日俱增，消费的路径依赖会越来越强，销售员与客户的关系会进入主动成长的良性循环。

比如，当一位客户在杂货店里买到了满意的商品，优秀的销售员一定会趁着客户高兴的时候说：“您再看看，这还有好多不错的东西。”其实，这本就是销售员应该做到的基本操作，所谓趁热打铁，客户选中了某个商品，就是满意的消费体验。更优秀的销售员会根据客户选中的商品，开发需求。如果客户买了一把菜刀，那么就应该问客户：“其实这把菜刀原本是一套，一套三把，要不要买整套？那样每把刀都相当于打了七折，很划算的。”或者问客户：“家里的切菜板要不要换？家里现在用的菜板是什么材质的？”给客户讲讲有什么优缺点？如果不需要换。那菜板除菌剂、清洗剂需要不需要呢？又或者磨刀石要不要带一个？

合格的销售员不会奢望每次对于客户的销售行为都会有直接的结

果，但是他们也不会放弃任何一次开发客户或扩大销售成果的机会。觉得很累的销售员往往是对老客户开发得不够充分，老客户肯定是跟销售员交易过的，既然保持关系，就说明客户应该是基本满意的。那么，销售员有没有充分地开发客户的需求呢？这不比开发新客户要容易很多吗？

案例

销售员：于先生

基本情况：于先生是高档古典红木家具的销售员，他的客户基本上都是从购买一个小件开始的，但是，经过于先生的努力，最终客户几乎都会从他手里置办全套红木家具。

因为于先生从来都不把自己当作一个只是卖红木家具的销售员，在他看来，他卖给客户的不仅是一件家庭用品，更是中国的传统文化。客户产生消费的意愿很可能是因为某个单一的需求，也许只是系统性需求的一部分。客户往往对消费的领域是不够了解的，买的没有卖的精，这句话不仅是说卖家比客户更精明、更会算计，还有卖家的专业性。于先生面对每一位客户，从一开始就抱着全面开发客户的目的，所以，无论是多么小的订单，哪怕是一个红木小板凳，他都会全力以赴，因为小单是大单的开端，是大单的机会。做大事不能操之过急，于先生会经常与客户分享古典家具及红木的知识，分享产品的信息，接触交流的时间久了，客户就可能会买更大一点的家具，比如，一对椅子或者一张桌子。慢慢地，客户会越买越多，越买越上瘾。当客户的需求被于先生充分地打开的时候，客户签订的自然就是大单。

很多销售员的眼光不够长远，做事又不够积极主动，所以，总是疲于奔命，业绩平平，甚至半途而废。对于每个销售员来说，销售工作是一定要往深里做的，蜻蜓点水的方式是不可以的，这样做的问题不仅是只能获得蝇头小利，更重要的是难以积累客户价值，不能深度开发客户的价值，必定失去大收益的机会。销售员不应该忽略或放弃任何一位客户，应该把客户开发到底。

案例

销售员：黄先生

基本情况：黄先生是汽车装具的销售员，认识黄先生的人，除非是没有汽车，几乎都买过黄先生的产品。有人问黄先生的销售秘诀，他说：“客户关系一定要开始。”什么意思？就是不管多小的事情，一定要与客户发生一点关系，否则见过也是路人。他是怎么做的呢？就是送东西，送与自己销售相关的小礼物。比如，所有认识他的人都得到过他送的小汽车模型，这汽车模型无论是自己摆在办公桌上还是给孩子玩都有很好的效果。还有钥匙扣、小挂件之类的东西，总之，就是要开始这段人际关系。谁收到礼物都会是开心的、满意的。因为是额外的，所以虽然不至于是惊喜，但至少是比较满意。正所谓投桃报李，这时候，客户本能上都会觉得该给人家回报。后面客户要是消费了，黄先生就会再次给优惠、赠品，就这样总是让客户觉得应该再买一点什么回报他的善意，于是就越买越多。如果实在没什么可买的，那就介绍个朋友来买吧。这就是典型的消费路径依赖。

深度开发客户是销售员收益最高的选择，无论销售员用什么方法，目标就是让客户扩大消费的规模，更多地购买自己销售的产品。这无疑需要销售员深度挖掘客户的潜在需求，同时持续地提供高质量的客户体验。当客户产生了强烈的消费路径依赖，销售员只需保持服务的水准即可，这时候，客户基本上就是自动消费了。

三、销售员还可以向外发展，就是把客户介绍给其他销售员去消费

不想多挣钱的销售员不是好的销售员。不想多挣钱，销售员的工作动力从哪里来呢？销售员唯一的收入来源就是客户，如果一个优秀的销售员说他的客户已经买了他所有产品，不可能再消费了。那么，这个销售员一定还不够优秀。因为他可以把客户介绍给其他行业的销售员获得分成，也可以跟其他行业的销售员交换客户资源，总之可以继续挣钱。

销售员要有意识地打破自己的边界，销售工作是创造性的工作，谁也无法规定销售一定要怎样做，只要不违法，就自由发挥呗。所以，才会出现那么多的商业奇才，出现那么多的传奇故事。销售员要意识到自己是做销售的人，而不是销售某种产品的人。销售是一种行为，更是一种态度。

销售工作必定是一种开放式的工作，一个保守的人是注定做不好销售工作的。异业联盟看上去很美，但对销售员的要求也很高，不欢而散并不少见，联而不盟的冷场也比比皆是。做异业联盟，首先要找到品位相当且内容相关的友商，其次更困难的是合作。这就要求销售员拿出自己的格局，“放实得虚”是更好的选择，放弃金钱收益，获得客户资源，因为钱是客户带来的，客户才是根本。而且，把金钱让给合作伙伴，合作更容易成功。销售员一定要记得，不仅要专注于自己的客户质量，更要关注自己的经营规模。

案例

销售员：文女士

基本情况：文女士从珠宝销售员干起，现在经营着一家珠宝店，生意极好。文女士依然是珠宝店最主要的销售员，光顾的客户大多是冲着文女士来的。文女士说：“现在的收益已经不完全靠珠宝销售了，因为现在异业联盟带来的收益已经跟珠宝销售持平了。其实珠宝的利润很大，我的业绩也很好。不过我发现珠宝的消费频率太低，总不能天天买吧。而服装和美容的频率要高很多，且利润也很大。后来我就跟高端美容和服装定制联合了。珠宝的客户都是身价不菲的，一开始我的难度在于寻找合适的合作伙伴，因为客户资源是很珍贵的，一不留神就可能全部毁掉。后面就是合作了，合作一定要看长远，就是要舍得，否则很快就会利润分配不均，不欢而散。还好，现在都是良性循环了，联盟的伙伴互相分享客户和利润。目前，我正在考虑跟高端的体检、医疗和保险合作，客户都是现成的！”

文女士是典型的向外发展的例子，客户消费珠宝一直很满意，会一直消费，这就是消费的路径依赖。客观地说，客户的钱是一定会花出去的，不是在这里花，就是在那里花，销售员和商家无非是在争夺客户的注意力。客户产生了消费路径依赖就是客户已经很认可了，那就要想尽一切办法，为客户解决问题，满足客户的需求，一定要把客户留住。

第三节　关系收益法：
让老客户心甘情愿地转介绍

共情式销售最注重客户关系的黏性，不仅要让客户习惯于重复消费，还要让客户习惯于介绍其他人消费。如果能够达成客户转介绍，那么销售员就可以用全心全意服务一位客户的付出，搞定更多的客户，这是很划算的。如果从头去认识这些客户，然后一个一个地搞定，那得付出多少精力和时间？哪位客户不全心全意地付出能够搞定？那样销售员的成本得有多大？怎么可能做大做强呢？客户转介绍是最简单、成交最快、成交率最高的高效客户开发方式，是每个销售员求之不得的事情。

首先，转介绍的新客户都是老客户帮销售员筛选过的目标客户，这很像介绍相亲对象，介绍人是把过关的，总得介绍一个基本条件合适的人吧，这比自己去大海捞针要精准、高效太多了。其次，转介绍的新客户因为老客户的关系，存在较高的信任基础，更容易切入主题，也更容易成交。

但是，老客户为什么会心甘情愿地介绍新客户给销售员呢？这就不得不用关系收益法开发老客户参与销售工作的意愿。

一、要达成客户转介绍一定不能犯这些错误

第一个就是信任，当一位老客户给销售员转介绍新客户时，无论是出于何种动机，对产品以及企业的信任是必然的基础条件。不仅如

此，老客户转介绍的前提更主要的是对销售员的信任，因为站在客户的角度来说，对产品以及企业的信任也都是来自销售员。当老客户转介绍新客户时，销售员一定要珍惜机会，因为信任是一把“双刃剑”，销售员没有辜负信任，信任就能带来业绩，带来“双赢”，带来更好的客户关系；如果销售员辜负了信任，信任就能毁掉客户关系、毁掉口碑、毁掉业绩，实在是后患无穷。

另外，要让老客户获得切实的好处，这个自不必多言，信任只是一个前提，信任并不是老客户转介绍新客户的原因。关系收益法就是要给老客户一个转介绍新客户的心理支撑，也许老客户并不会特别在意转介绍的具体收益，但是，转介绍的动力在哪里呢？一定要给老客户好处，只不过给老客户的好处也要注意方式、方法，但最好不要直接给钱。因为客户不是职业的生意人，当销售员直接给钱的时候，老客户本能上会有一种出卖朋友的感觉。中国人刻在骨子里的文化是讲义气，挣朋友的钱会下意识地觉得可耻。随着市场经济的发展，虽然这种传统文化在逐渐地减弱，但还是会有影响。也许老客户因为面子上过不去，会直接把销售员给的钱转给他介绍的新客户，以证明自己的光明磊落。

案例

客户：王先生

基本情况：魏先生是汽车销售员，早晨，老客户王先生带着自己的朋友李先生来买车，在谈价钱的时候，王先生说，这是我兄弟，你再给便宜点，把你答应给我的佣金给算在降价里吧。

这就违背了激励老客户的初衷，老客户虽然是自愿这样做的，但是这样做了，老客户确实是什么也没得到，以后哪还有再干这种事的动力呢？所以，得给客户一个只属于他的、不能马上变现的好处，这个好处不能太小，也不要太直接，得减轻老客户的心理压力。比如积分，就是老客户转介绍成功后，赠送老客户积分，积分可以在消费时当钱花，或者积分到一定的数额可以提现。

这里要提醒一下的是，不要因为对新客户的热情而冷落了老客户，否则老客户会很恼火、很失落、很后悔，销售员要在新客户面前夸赞和感谢老客户，最起码在一开始要保持三人关系，然后慢慢再变成两人关系。

另外，老客户转介绍就是引荐一下，引荐就已经为销售员省去了非常多的前期工作了，不要指望客户替销售员做太多的工作，甚至老客户为销售员发个朋友圈宣传一下，留个链接也都属于转介绍的范畴。

二、客户为什么不愿意做转介绍

在转介绍的行为中，老客户的隐性成本是很大的，因为老客户无形中是拿自己的信誉来作担保的，值得吗？所以，客户对于转介绍本能上就不会太过于热衷。于是，很多时候销售员说错一句话，客户的大门就关上了。

案例

客户：沈先生

基本情况：沈先生签约后，销售员请求他做客户转介绍说："沈先生，我们现在有转介绍奖励，您把朋友介绍过来，我们就送您一套蒸锅。您只要给朋友打个电话推荐一下就行，要不您把电话给我，您放心，我们不会骚扰对方的。"沈先生对此非常不满。

“我们现在有转介绍奖励，您把朋友介绍过来，我们就送您一套蒸锅。”这话怎么那么不中听呢？怎么听都感觉是在骂人，仿佛客户是个贪小便宜的人，客户什么身价？刚在这里成交了几十万元的订单。他会在乎那点奖励？客户会为了这点蝇头小利把朋友给卖了？真让人反感。这种情况之所以会出现，是因为在某些低端的消费人群里有效，为了蝇头小利出卖人际关系的人是有的，但这依然是恶性的，为此反目成仇的消费者也有的是。于是，有些行业就越做越烂，越做越难。

“您只要给朋友打个电话推荐一下就行，要不您把电话给我，您放心，我们不会骚扰对方的。”听了这话真的想发飙，还把朋友的电话给销售员？客户有病还是销售员有病？还不骚扰人家？那要人家电话干吗？

即便客户已经签约了，客户对产品也是满意的，也不意味着客户一定愿意为销售员转介绍新客户。因为转介绍跟购买行为完全不是一回事，是一件涉及第三方的事。老客户转介绍新客户是三方关系，未来销售员与新客户的关系会严重影响老客户与新客户之间原本的关系。这是有风险的，尤其新客户是老客户的老朋友，一旦闹翻了，关系越好成本就越大，所以把老朋友介绍给销售员的风险更大。可是关系越好的朋友越是信任，就越能成交，这是天然矛盾的，由此销售员该知道老客户转介绍并不容易。

说到底还是火候没到，有时即便信任有了，关系也不一定能够到那种转介绍新客户的程度。从称呼上就能看出来，称呼客户“某先生”“某总”的销售员跟客户是什么关系？称呼客户“某叔叔”“某大哥”“哥”，甚至“老某”的又是什么关系？远近亲疏一下就明白了。称呼客户“某先生”“某总”是必需的，这是商业场合的基本礼仪，客户来消费就是商业行为。那么是怎么变成“某叔叔”“某大哥”“哥”，甚至“老某”的呢？这是销售员在销售过程中不断地接近，用自己点点滴滴的付出换来的。

三、抓住请求客户转介绍的最佳时机

有没有客户主动转介绍的情况？有，但很少。转介绍有几个因素，一个是认可，另一个是有转介绍的欲望。客户主动转介绍行为的产生无非是太满意了，想要回报销售员或者不想好朋友错过机会，这是很难得的结果，更多地还是需要销售员主动地请求客户才可以。既然是请求，选错时机是不行的，那么什么是请求客户转介绍的最佳时机呢？所谓最佳时机，就是客户认可的时候，客户越满意销售员，越有可能去推荐（如图 5-3-1 所示）。

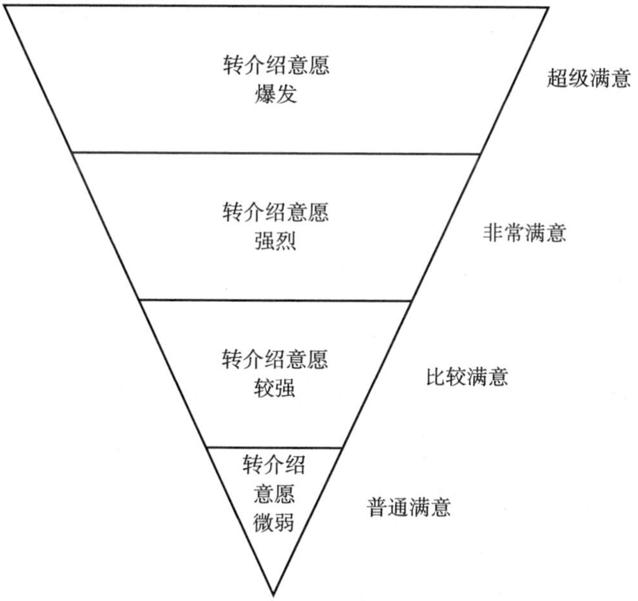

图 5-3-1 客户转介绍意愿与满意度的关系

一般是成交的时候，成交的时候也是确定客户对销售员、对产品、对企业认可的时候。既然认可，那就给朋友推荐一下呗，所以这时候提出请求是顺理成章的。通常是在客户签约到客户离开之间的时段，这时候现场的氛围会是比较和谐的，销售员一定要趁热请客户给转介绍一下，同时给出转介绍的好处来助力。不过此时一定要强调这些好处只是一点心意，并不能完全代表销售员的感激之情，销售员得让客户感觉自己的行为不是为了这点好处，销售员要说来日方长，一定会竭尽全力为客户服务。

还有就是客户发出赞赏的时候，无论是赞赏产品还是服务，抑或是赞赏销售员，客户的赞赏就是认可的信号，要抓住机会提出转介绍的请求。比如，客户对捏脚的小妹说，手法不错呀，捏脚的小妹必然会说，大哥多介绍几个朋友来呀，我是 ×× 号。又如，客户对卖肉的老板说肉不错，有以前土猪肉的香味，那卖肉的老板必然会说，这猪喂的是粮食，不是饲料，告诉街坊邻居都来买呀，来，给你一张优惠券。

不过，在成交和赞赏的情况下，销售员去请求客户转介绍的效果通常也不是很好。因为这两种情况下客户不够冲动，客户只是认可了产品、企业和销售员，但这些认可都不足以让客户去做转介绍。

那么怎样才能让客户愿意甚至主动地做转介绍呢？那就是情感，如果销售员在销售过程中帮客户解决了非常重要的问题，甚至是挽救客户于某种危难，那客户是一定会动情的，这种情感的表达就是多买或者转介绍，因为只有这样才能回报销售员。可是这也太难了吧？是很难，而且也不一定有机会。

有没有普通人认真努力就能让客户动情的方法呢？有，动情也分大小，只要努力做就好。销售员只需把服务做到无微不至，比如，销售员准备几件一次性雨衣，带在身边，赶上阴天下雨，关键时刻送给客户一件，此时，客户就会有所感动，客户动情了，就本能地想回报。对于销售员来说，转介绍是很好的回报，而且销售员这样优秀，客户介绍时也好开口呀。不要嫌事情小，只要不停地积累，最终一定会由量变带来质变。

四、销售员如何实现批量化的客户转介绍

什么是批量化的客户转介绍？就是客户带销售员加入他的圈子，老客户不是给销售员介绍某一个或几个新客户，而是泛泛地介绍销售员认识一群准客户，这种介绍并不以交易为直接目标，而是以销售员跟准客户人群建立人际关系为目标，属于放长线钓大鱼的行为。这种转介绍是批量的，是价值巨大的，也是对销售员要求极高的。因为不再是直接奔向具体的交易，而是先跟客户群体交朋友。这就需要销售员达到跟客户成为朋友的某项水准。有权？有钱？有才？有专业？有人脉？有资源？有什么优势都可以，只要达到合适的水准，否则老客户是不可能介绍销售员进群的。

案例

咨询师：刘先生

基本情况：刘先生在项目的合作中，了解到自己的客户王总很喜欢打羽毛球，而且还有一群球友，也都是各企业的管理层。其实刘先生对羽毛球真没有太大的兴趣，但他对体育运动还都能玩一下。这是个机会，所以，他就说自己也喜欢打羽毛球，很顺理成章地相约有机会一起打球。羽毛球谁不会打呢，就是打得好不好的问题，既然要跟人家玩，那就得认真，刘先生很快置办了比较专业的装备，又请了一位专业教练，恶补了

一个月，10次课，总共20小时。等到去打球的时候，就见到了那群“目标客户”，运动是能够让人兴奋的，大家在运动时都会本能地放下身份，所以每个人都玩得很开心。散场后，有空的人又留下一起吃饭，饭后还有茶局。刘先生当然是很能聊的，没有人不喜欢乐观开朗又有能力的人，在小事上出手再大方一些，没几次就跟大家打成一片了。此时老客户也觉得有面子，跟刘先生的关系也越来越好了。这个群里有三四十人，都是精准客户。算算刘先生跟这些准客户达成朋友关系也就三四个月的时间，真是赚翻了。

这就是批量的客户转介绍，物以类聚，人以群分，批量的客户转介绍，不仅是量大、快速，更重要的是精准。而且这种转介绍对于老客户来说压力没有那么大，只是介绍一个朋友给大家认识而已。并没有推销什么产品，至于之后发生什么，跟老客户的关系就不那么大了。这种方法好是好，只不过对于销售员的要求有点高。首先是跟老客户的关系，如果不是关系好到一定程度，老客户是不会让销售员介入自己圈子的。其次是销售员的综合水平，如果不能让客户觉得销售员有什么过人之处，也是很难被群体接受的。

五、关注渠道型客户，狂揽客户资源

什么是渠道型客户？就是某些客户的资源特别丰富，认识很多人，参与很多事。这样的客户价值巨大，客户本身就是一个渠道，通过这个渠道可以开发更多客户。从基本概念出发，客户的价值很明确，就是购买产品的人，即付费的人。但是客户是财富的源泉这句话所指的并不只是客户购买后付费这么简单，客户也可以是客户的来源，销售员要把客户身上的价值充分地开发出来。

有的客户就只是客户，比如某些客户是宅男，没朋友、没爱好，只专心于自己的工作，回家老婆孩子热炕头。即便是这样，只要能消费，也是好客户，也应该好好维护。不过销售员应该侧面了解一下他老婆有没有资源？家里人呢？不要浪费机会。

有的客户不仅是客户还是渠道，渠道型客户肯定是有资源的，但是他的资源不是销售员想拿就能拿的。要搞好关系，要有能力，客户才可能介绍销售员进群。那么搞好客户关系和提升自己的能力有没有捷径呢？有。就是那句话，“用魔法打败魔法”。什么意思，捷径就是关系，关系就是捷径，即“用关系换关系”。

客户为什么会跟销售员关系好？共情、知心、聊得来，这些都没错。但是还不够，销售员还要够硬，哪里硬？就是自己的价值够硬。就是所谓的能力，狭义地看能力就是做事的技术，是干活的能力。但是广义地看呢？拥有资源算不算能力？当然算了。所以，有资源、有关系本身也是能力。办事、解决问题，操作层面只是一小部分，资源和条件经常是事情的关键。巧妇难为无米之炊，航海家没有船也只能望洋兴叹。另外，任何人干活的能力终归是有限的，销售员只要够努力，10 年就是高手了，然后就很难再进步了。但是资源、关系是无限的，是可以无限多的，是没有上限的。

渠道型客户之所以是渠道型，跟他对资源的敏感和追求是分不开的，所以，拿资源来结交渠道型的客户是最好的选择。会不会有人说我就是没有资源才找渠道型客户的。销售员没有资源？可是谁一生下来就有无数的资源呢？或者说谁不是一生下来就只认识家里这几个人呢？所以销售员现在就该想想自己到底有没有资源？从小到大一个有价值的人都不认识吗？要是实在想不出来，就别做销售了，去打螺丝吧，但是打螺丝一定会失业的，因为在打螺丝这项工作中人肯定干不过机器，而销售工作中机器一定干不过人。所以，还是静下心来，使劲想吧（如图 5-3-2 所示）。

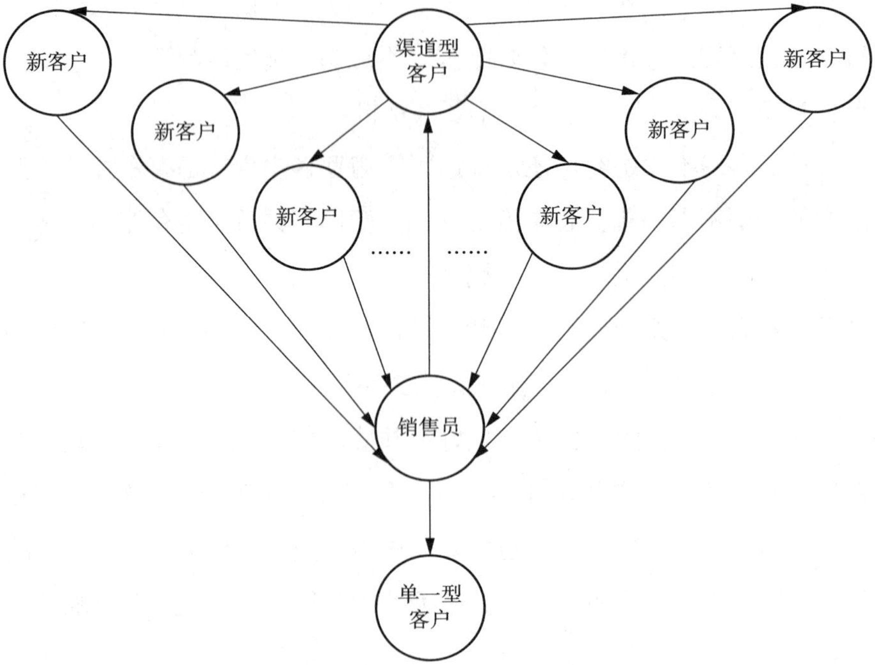

图 5-3-2　渠道型客户与单一型客户的比较

第四节　第二职业法：把客户群体打造成编外销售军团

共情式销售不仅能与客户建立紧密的交易关系，还可以把客户变成自己的销售伙伴。当一个销售员在行业里坚持了十几年，无论如何他都应该算是一个专业人士了。所谓专业人士，就是对自己的行业领域有足够的认知和经验。达到这个水平并不难，只要潜心钻研，用心积累即可，这个不需要特殊的才能。但是这样的销售员却未必活得很好，销售工作跟工程师、技术员的工作不一样，技术工作的道路是十分清晰的，也是坚实的，少有泥泞和陷阱。一个人即便不够优秀也可以慢慢积累经验，一定会有所回报，而且任劳任怨的表现也是值得企业付费的。销售工作的道路也很清晰，但仿佛是沼泽湿地，泥泞难行且布满陷阱，大家都知道，做销售员的价值在于结果，不在于行为。

那些拥有十几年阅历的销售员，其中有些人活得很不好，这是为什么？有些人活得很好，这又是为什么？其实都是同一个原因，就是干没干正事。什么是销售员的正事？销售员的正事是做资源的经营。站在职业生涯的高度看，销售员最重要的工作应该是经营客户资源。一个不喜欢交际的人绝对不适合做销售工作，经营资源不只是持续结识新客户，还要不断地跟客户保持人际关系。认识不等于有关系，只是认识客户没有什么意义，销售员得跟客户有来往。一个干了十几年的销售员对行业的认知应该足够深刻，客户资源应该足够多，且资源能够自动叠加生长，再带一些徒弟，所以应该活得很好，而那些干了十几年还活得不好的销售员就是没把精力用在对的地方。

一、销售员如何获得丰厚的资源

对于销售员而言，所谓资源主要是指人脉，人脉的基础是认识的人多，但认识的人不等于人脉。比如，销售员认识一个业界名人很容易，即便是见过面，或者对方也认得这个销售员，但他并不是销售员的人脉。因为并没有做到双方互认价值。这时候，销售员应该是认可了名人的价值，所以才主动要联系方式的。虽然对方接受了互联，但是他并没有完全接受销售员这个人，因为人家还没有确定销售员对自己有什么价值（如图 5-4-1 所示）。

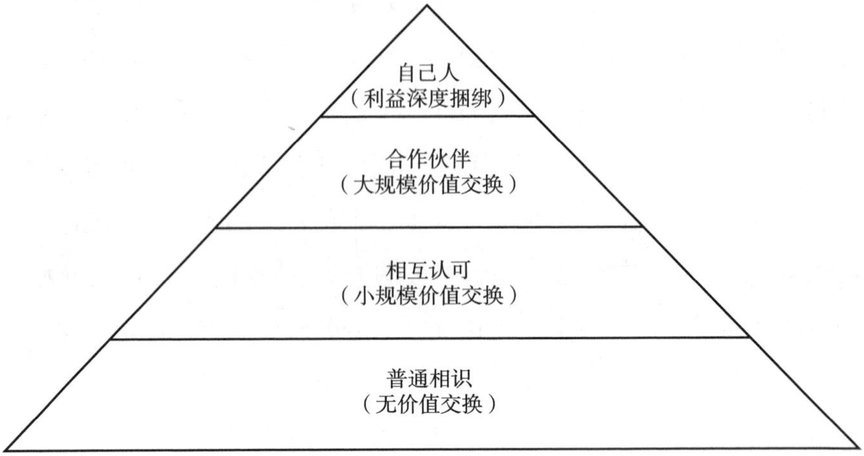

图 5-4-1　销售员与客户关系的解析

很多时候，销售员认为自己认识某客户，其实，意义并不大，因为双方没有关系。等到双方有机会共事且成功，达成了或大或小的利益交换，那么就会相互认可，甚至成为合作伙伴。人脉的最高级境界是被对方当作“自己人”，并不只是谈得来那么简单，而是那种利益深度捆绑的关系。

案例

培训师：郭先生

基本情况：郭老师每次上课的课间都会有学员来聊天，请教问题或者要联系方式。郭老师讲的是营销的课程，学员也都是销售员。但是，在郭老师看来这些学员的表现真的很成问题。

郭老师坦言，我几乎不可能成为这些学员的人脉。是啊，一次课有几十上百个，甚至几百个学员，学员们都认识老师了，但老师并不是他们的人脉，因为老师并不认识他们，也没接受他们。如果老师和学员相互认识了呢？那就是下课之后有人来跟老师请教问题，互留联系方式。这是人脉了吧？还不是，因为并没有做到双方互认价值。这时候，销售员应该是认可了老师的价值，所以才主动要联系方式。虽然老师接受了互联，但是老师并没有完全接受对方，因为老师还没有确定对方有什么价值。这时候优秀的学员会主动提出来自己能为老师做些什么，比如，有人说："老师您讲得也太好了，我得跟领导反映一下，让全公司的人都听听您的课。"这就很上道，无论如何这是给老师利益，这就很可能相互成为人脉。但更多的学员是傻乎乎地说"我以后多跟您请教"，这话看似很恭敬，实则很无礼，就是白白地给老师添麻烦呗，说请教的时候，根本没想过得给老师一点学费或者给一些什么回报吧？这就相当于说："老师有那么多金银财宝，我以后会经常去拿一些。"老师能从学员这得到什么？想都没想过，老师会成为他的人脉吗？照这样一定不会。

顶级的销售员大多资源丰富，资源是要积累的，也是要经营的。跟别人认识了，交往了，要争取互有价值。受到帮助的人即便不能马上回报，也应该有合理的表达。不能马上给回报没关系，但感恩的态度总要有的，对未来的期许和承诺总要表达一下吧？

案例

销售员：窦先生

基本情况：窦先生是资深的销售员，是销售行业里公认的高手且口碑极好，很多销售员都自称窦先生的弟子。有一次，一个销售员给窦先生打电话请教问题，窦先生正好不忙，就给他解答，用了一个多小时。后来又有一次，也是一个多小时。

窦先生只是知道他的名字，甚至都不记得他是谁，在哪里遇见的。估计一时半会儿是给不了回报的，没关系，看长远吧。因为窦先生平时很忙，一般来求教的都只能讲个十几分钟，所以对他印象很深。那是冬天，一个月后就过年了，很多人都给窦先生发来祝福的信息，但这个人没有任何表示。不是滴水之恩当涌泉相报吗？一个免费的祝福都不送？作为一个销售员，他不可能过年期间一个祝福信息都没发过。但是，别人都有所表示，这样一下子就把他显露出来了。窦先生以后还会再给他解答问题吗？即便窦先生再大度，也提不起兴趣了吧？估计这人脉就此断了。

二、销售员如何让资源流动起来

在销售员的人脉交往中，任何人的能力都一定是有限的，但是朋友群体的能力是无限的，而且他们的需求也是无限的。销售员的朋友们之间是可以互相满足需求的，销售员是否去经营过这些人际关系呢？比如，一位朋友的父亲要找名医看病，销售员不是名医，但销售员是否认识名医？销售员的其他朋友是否认识名医？如果有，销售员就可以牵线搭桥，这就是人脉的经营，当这种事情经常发生，销售员的人脉资源就流动起来了。人脉的经营没有什么定式，就是随机应变，赶上机会就开发一下。可能无心插柳柳成荫，也可能涓涓细流汇成海。

案例

销售员：楚先生

基本情况：楚先生是某企业的销售总监，有一次，在客户王总那里谈业务。其间，王总接了一个电话，因为很熟，也没有避讳，楚先生也听了个大概。王总放下电话，说他侄女无论是家庭还是个人条件都很好，但是，找不到合适的对象。条件匹配的谈不来，谈得来的条件差。这刚过了27岁，家长就很紧张了。这确实是个难题，女孩子越优秀，男朋友就越不好找。就在这时，楚先生的助手小李来接他，跟王总打了个照面。楚先生还在回公司的路上，王总就打来电话，问小李的具体情况。小李刚30岁，一米八几的大个子，玉树临风的样子，名校的博士，毕业一年多。从研究生时期就跟着楚先生做项目，现在是项目经理，收入也很不错，小李家庭条件也很不错，而且目前是空窗期，没有女朋友。楚先生本不关心这些私人的事情，但是这不就是机会吗？就让小李跟女孩见一见吧。立刻安排！小李的性格有很明显的沉稳和睿智的底色，但也不失幽默，偶尔一句神来之笔的调侃常常让人开心不已。开始楚先生也没对这事太在意，恋爱成不成的很难说，只是嘱咐小李如果看事情不妙要及时撤退，不要把客户得罪了就好。但是真没想到这件事居然成了，一年之后，小李跟那女孩走入了婚姻的殿堂。楚先生和王总是介绍人，也是双方的亲人、师长，关系又近了一大步，这人脉就是这么流动起来的。

三、把客户群体打造成编外销售军团

如果想把销售做大做强，工作量之大是销售员无法凭一己之力完成的，必须靠团队。能拥有自己的团队，客户也会对销售员更重视，销售员的服务也会更到位，这是良性循环。

拥有销售团队的人不一定非得是企业里的销售管理者，每个销售员都可以尝试。不要担心给大家发工资的问题，保险销售员也没有工资，只需要把提成分给他们就可以。销售员完全可以在自己的客户里挑选有销售能力和意愿的人作为自己的销售员，为他们开启第二职业。他们之中甚至有些人本身就是销售员，只不过在销售别的产品。当今时代，大家的观念都很开放了，盛传的斜杠青年的概念就是鼓励大家做第二职业，一名优秀的销售员完全可以打造自己的编外销售军团。

虽然是第二职业、业余兼职，但是建团队依然马虎不得，甚至比企业的招聘还要精心，因为不发工资，全靠自觉。

要想建立这个编外的销售军团，最重要的就是选人，销售团队要选什么样的人?

要知道哪种人不能选，一种是不想干的人，根本不认可销售工作，怕销售工作困难也罢，看不起销售工作也罢，这些人都不要去招惹。有的销售员连蒙带骗地让人家上了贼船，说些类似于“没难度还拿钱多”的话，这是骗人，是恶性的，不会有好结果。

另一种是不适合的人，就是没有销售员的素质，比如，不善言谈、不喜欢交际。对于有些人来说，销售比登天还难，这是真实的现象，这样的人太多了，都是不该选择的人。

案例

培训师：朱先生

基本情况：朱老师是一位知名的培训师，有一次，在一个公益讲座活动上，下了课，有很多学员围着朱老师问问题，要联系方式。大家都很热情地打招呼、问问题，甚至主动介绍自己，跟老师拉关系。这些都是很好的销售员，因为几百个人听讲座，也只有几十个人围着老师，这些是主动抓机会的人，这时候，一个与众不同的中年男子也在围观老师，但是，他很纠结，就是那种想靠近却很不敢靠近的状态，趁着别人扫码加微信的时候，他扫了码就匆匆溜了，没说一句话。过了些日子，他忽然发信息提出希望跟着朱老师学习，感觉是想了很久才鼓起勇气。作为一个销售员，主动交流是必需的，拜师这事当天现场就有人提了，他回去憋了半个月才开口。他给朱老师打电话聊了一会儿，原来他是在做保险，朱老师问为什么不跟着增员他的上级学习呢？他说是他亲戚增员的他，亲戚也做得不好，增员他就是为了完成任务指标。他自己是干技术的，不善于跟人打交道。原来做保险是兼职，也没什么业绩。现在工作也丢了，想专职做保险。朱老师也没拒绝他，就当做公益了，说先给他一本书看看，于是安排小助理快递给他。又过了大概一个月，小助理忽然问："朱老师，那个人签收了书，感谢您了吗？"朱老师说："哪个人？"小助理说："就那个被亲戚骗去做保险的大哥。"朱老师看看手机，还真没再来过信息。朱老师说："没准儿有什么变故吧。"小助理说："那也得说声谢谢呀，这书是白给的，还说要拜师，也不问问学费多少钱？"朱老师说：“算了吧。”后来一个朋友提到了那个人，说有一次他们聊天，提到了朱老师送他一本书，但是快递是到付的，他说自己现在没收入，还得付10元钱运费，所以不愉快了。朱老师无奈地笑笑，问那人现在干什么呢？朋友说，不知道，反正保险是没做下去。

“舍得”，一点都不“舍”，那怎么“得”。再说，书是白给的，又答应免费教你，所得还少吗？销售工作真不是谁都能做的。

销售工作是一个门槛极低却要求极高的工作类型，就像说相声。郭德纲曾说，不管是谁，穿个大褂，敢站在台上，只要不是哑巴，就能说相声，门槛就这么低。但要是说得好，靠说相声生活，甚至成为大师，那就太难了。销售的“难”跟说相声类似，没有具体的标准，客户满意就行。就像某相声演员，传统相声演员就四种类型，即卖、坏、怪、帅，可他来了一个新类型——贱。很多观众不喜欢，相信很多相声行家也不喜欢，但是有太多的观众就是喜欢，你说气人不气人，这就成“角儿”了，连他师傅也说没想到。

二八定律尽人皆知，在销售领域，二八定律是神律，销售岗位的工作量是巨大的，工作内容也很零散，与客户打交道需要耗费大量的时间、精力自不必说，更重要的是客户稍有不满，销售员就可能前功尽弃，谈10个客户能够成交一个就算正常。那么为什么这么多人明知这样还要来干销售呢，当然就只有一个原因，因为他们真的很想挣钱。都知道销售难，所以人不好招，那就降低门槛，自然淘汰。进来的人多，淘汰的也多，看上去就是一个字“难”。其实有很多人根本就不该进来，难者不会。

兼职销售团队可用的人一定是特别积极主动的人，这样的人可以分为三个档次，分别是“饿狼”“猛虎”和“蛟龙”。“饿狼”是那种想挣钱想疯了的人，有足够的欲望，这种人的工作热情超级大，有机会绝不会错过。但“饿狼”只是最底层，属于马斯洛需求层次生理需求那一层，最多是在安全需求那一层。“饿狼”上面还有“猛虎”，“猛虎”比“饿狼”更渴望成功，但不仅是为了钱，还要威，要感觉，要社会地位。“猛虎”会使用更加高级的策略，甚至不惜让出部分利益以谋求更大的综合收益。“猛虎”属于爱与归属或者尊重这一需求层次，“猛虎”的格局显然比“饿狼”高。最高级的是“蛟龙”，“蛟龙”比“猛虎”更高级，“蛟龙”的目标是能够呼风唤雨的存在，具体的事务性的工作根本不在话下，玩转资源才是“蛟龙”的主要兴趣点，“蛟龙”属于自我实现那一个需求层次。建设编外的销售团队，只有找对人才可能成功，无论是“饿狼”“猛虎”还是“蛟龙”都不用别人激励，都是市场上的精英（如图 5-4-2 所示）。

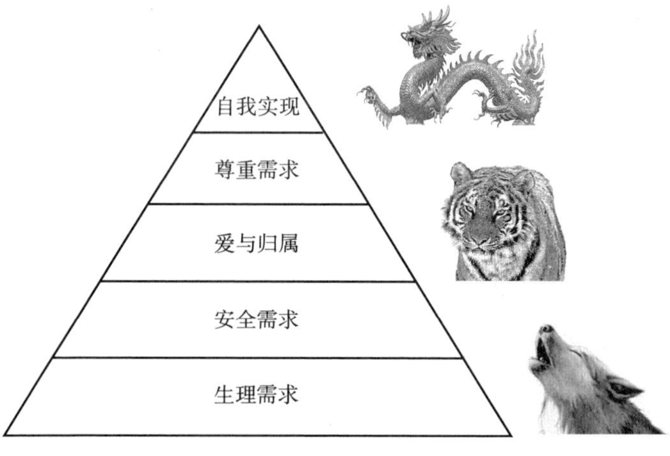

图 5-4-2 销售员层次与个人需求层次的关系

为了维持团队的稳定，在建立团队的初期就要定好规矩，越是招到强兵，越需要有强将来控制，因为团队成员越优秀对领导要求也越高。一直靠销售员的本能随意操作是不可取的，这样很容易乱套。规矩不需要太过繁文缛节，但是关键的问题一定要提前约定。比如关于钱，钱是不能马虎的，无论对客户、对团队成员还是对自己。又如客户资源的管理，销售员一定要确实地把控，不能被架空。管理团队不能像放羊，不能散养，要有流程，先干什么后干什么要有规矩，但也不是那种操作工式的具象规矩，是框架，要让团队成员在框架里自由发挥。

结束语

我想给大家讲一个故事。

话说一个铁匠来到一个陌生的村庄，他说：“铁块就像面团一样柔软，我用锤子想打成什么样就打成什么样。”村里的人们都觉得他在胡说八道，说：“铁块有多硬你不知道吗？像面团？怎么可能？你知道我们打铁多费劲吗？”那铁匠说：“铁块是很硬，但烧红了就很软啊？你们打铁不用火烧吗？”村民说：“什么？用火烧？打铁还要用火烧啊？”铁匠说：“原来你们不会打铁呀！”

销售工作就像打铁，打铁就要把铁块烧红，做销售就要与客户共情。销售工作的步骤跟打铁是一样的，前端很重要，与客户的共情就像那熊熊的炉火，这共情之火能够帮助销售员点燃客户的欲望，熔化客户的顾虑和异议，让客户毫不犹豫、心甘情愿地成交。

没有哪个铁匠会嫌用炉火烧红铁块麻烦，也没有哪个铁匠会不烧红铁块就硬碰硬地打铁。但现实是，真的有很多销售员根本不知道要在销售工作的前端下功夫。也有很多销售员只是盯着成交，而不愿意在销售工作的前端下功夫。当然更多的是不知道怎样在销售工作前端下功夫的销售员。

目前，我国的销售工作的从业者中，有些是找不到别的工作，走投无路，不得不入行的人。也有很多是热爱销售工作，乐此不疲的人。但无论是出于什么动机参加销售工作的人都有一个共识，那就是销售工作不好做，销售员必须特别努力和坚韧。做销售工作只靠努力和坚韧是远远不够的，这只是一个基本条件，甚至是做好任何工作的基本条件。要做好销售工作，更重要的是找到高效的工作方法，而共情式销售就是一种高效的工作方法。

共情式销售从销售工作的本质出发，站在更高的位置，俯视销售工作的全貌，客观地解析销售工作的步骤和流程，精准地把握销售工作的关键节点，从销售员的角度出发，以共情的力量贯穿整个销售行为，使销售工作的每一个阶段都产生更大的价值，使销售成交自然而然地发生，让销售员游刃有余地驾驭销售工作。

希望广大读者在这本书里以共情思维为主线，学会销售工作的深层原理，加强自己对销售工作的认知，掌握销售工作的高效技能，找到突破销售工作“瓶颈”的方法。